Sizilien

Peter Amann

Der Autor:

Peter Amann,
geboren 1962, lebt in München und verbringt mehrere Monate des Jahres in Sizilien. Nach Studium der Geografie, Botanik, Archäologie und Kunstgeschichte in München und Rom leitet und organisiert er Studienreisen. Er hat bereits mehrere Bücher zum Thema Sizilien verfasst, und seine Fotos sind vielfach abgedruckt worden. Im Internet berichtet er aktuell von seiner Lieblingsinsel unter www.walksicily.de. Außerdem ist von ihm in der Reihe MERIAN *live!* »Kalabrien« erschienen.

INHALT

Traumhafte Lage: Hotel »Eremo della Giubilian«

Juwel: Restaurant Grand Hotel Villa Igiea

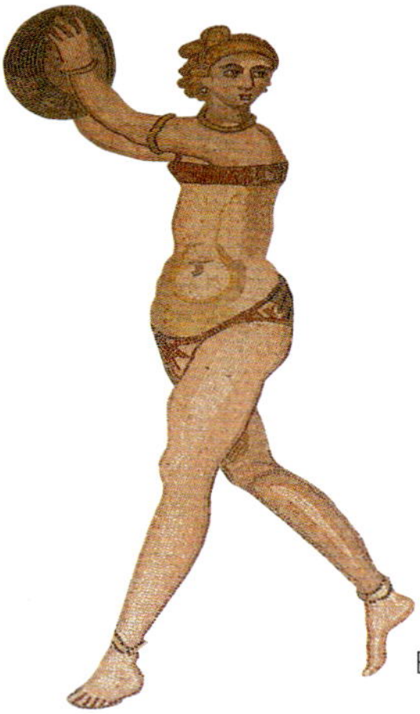

Berühmt: Bikini-Mädchen in der Villa Casale

Karten und Pläne

Die Buchstaben-Zahlen-Kombinationen im Text verweisen auf die Planquadrate der Karten. Die Planquadrate der Inseln beziehen sich auf die MERIAN-map.

THEMA

Ohne Dach: Santa Maria dello Spasimo

18 Meter hoch: Skulptur des Sizilianers Consagra

Willkommen auf Sizilien

Vom Westen aus gesehen ist die Silhoutte Cefalùs unverwechselbar. Über dem Städtchen, das vom Normannendom überragt wird, erhebt sich der mächtige Burgberg (→ S. 67).

Die größte Insel des Mittelmeers wird in Homers Odyssee unter dem Namen Thrinákia, als Weidegrund der Rinder des Helios besungen. Das antike Symbol der Trinakria, ein Mädchenhaupt mit Schlangenhaar, um das drei angewinkelte Beine laufen, ist heute noch überall präsent. Tausendfach als Souvenir angeboten, schmückt es auch die Uniformknöpfe der Beamten der Regione Sicilia. Das Dreibein ist ein Sonnensymbol und eine zutreffende Beschreibung Siziliens, nicht nur weil hier im statistischen Mittel betrachtet Europas Sonne am stärksten scheint. Der antike Name der Insel lässt sich als »drei Vorgebirge« übersetzen. Im Nordwesten wacht der Capo Peloro über die Straße von Messina, im Süden ragt der Capo Passero ins Afrikanische Meer, und der Capo Lilibeo reckt sich nach Westen vor.

Zwischen Orient und Okzident

Kosmos Sizilien: Die Insel im Mittelmeer ist so reich an Geschichte, Sehenswürdigkeiten und abwechslungsreichen Landschaften wie ein ganzer Kontinent.

Die zentrale Position im Mittelmeer machte Sizilien, als Vermittlerin zwischen Orient und Okzident, zur großen Bühne der Geschichte. Für die Griechen wurde Sizilien zu einem antiken Vorläufer Amerikas, ein gelobtes Land unbegrenzter Möglichkeiten. Die Fruchtbarkeit der Böden – Demeter avancierte zur meistverehrten Gottheit – und der Handel schufen die wirtschaftliche Grundlage, auf der die jungen griechischen Stadtstaaten ihre Mutterstädte schnell an Macht und Reichtum überflügeln konnten. Ihren Wohlstand stellten die stolzen Poleis durch den Bau großer Tempelanlagen zur Schau. Das Interesse an diesen größtenteils gut erhaltenen griechischen Tempeln und Theatern lockte im 18. Jahrhundert die ersten europäischen Bildungsreisenden nach Sizilien. Den Spuren des »trefflichen« Barons von Riedesel folgte Goethe, und er hatte hier ein Schlüsselerlebnis. Den berühmten Satz »Italien ohne Sizilien macht gar kein Bild in der Seele: hier ist erst der Schlüssel zu allem« schrieb Goethe etwas unvermittelt am 13. April 1787 nieder. Seither wird er in Reiseführern unverdrossen zitiert.

Obwohl Garibaldi 1860 von Marsala aus die Einigung des italienischen Nationalstaates militärisch vorantrieb, ist Sizilien von Italien sehr verschieden geblieben. Diese Unterschiede lassen sich nicht so ohne weiteres in Kürze auflisten, erschließen sich aber dem aufmerksamen Reisenden unterwegs. Die-

ser Andersartigkeit wird auch politisch Rechnung getragen, Sizilien besitzt in der Italienischen Republik den Status einer autonomen Region. Und trotzdem hat Goethe Recht. Sizilien ist ein Schlüssel. Der Brunnen der Vergangenheit ist selten tiefer, und nicht häufig wird er so hell erleuchtet. Die Zeugnisse großer Vergangenheit, die Vielfalt der Landschaften, Städte und Menschen machen die Insel abwechslungsreich wie einen Kontinent und zu einem der interessantesten europäischen Reiseziele mit einem Hauch von Orient.

Diese schöne Trinakria – seit alters her das Symbol Siziliens – lässt sich in der Villa Giulia in Palermo entdecken (→ S. 106).

Feurige Naturlandschaften und lebendige Mythen

Eine Reise durch Sizilien ist wie der ständig wechselnde Blick in ein Kaleidoskop; Landschaften, Städte, Menschen und ihre Ideen setzen sich zu immer neuen Bildern zusammen. Eine an der schmalsten Stelle nur drei Kilometer breite Wasserstraße trennt die Insel von Kalabrien, und doch genügt diese kurze Distanz, eine neue Welt heraufzubeschwören, umgeben vom Zauber des Unbekannten. Über den gezackten Bergen erhebt sich majestätisch der über 3300 Meter hohe dampfende Etna. Hunderte von

Die genaue Höhe des Etna ist schwer zu bestimmen – sie schwankt wie bei allen aktiven Vulkanen.

Nebenkratern bauen sich zu dem einen mächtigen Kegel auf, an dessen Spitze sich die aktiven Krater öffnen. Mehrere Monate des Jahres liegt der Gipfel von Schnee bedeckt, Feuer und Eis in der elementarsten Form. Die Lehre der vier klassischen Elemente Feuer, Wasser, Erde und Luft wurde zum ersten Mal im 5. Jahrhundert v. Chr. von Empedokles, dem griechischen Philosophen aus Agrakas, formuliert. Auf der Suche nach dem letzten großen Geheimnis soll Empedokles in den Schlund des Etna gesprungen sein. Reisen in Sizilien führen immer wieder zu den Orten alter Mythen, die hier plötzlich greifbar werden. Ein anderes Beispiel: Nach Vorstellung der alten Griechen war der Lago di Pergusa bei Enna der Ort, an dem Persephone von Hades entführt wurde. Der Dichter Paul Louis Courier schrieb 1806 in Reggio di Calabria, kurz bevor er nach Sizilien übersetzte: »Ich möchte die Heimat der Proserpina sehen und ein bisschen verstehen, warum der Teufel sein Weib in jenem Lande genommen hat.«

Mit »pazienza« und »gentilezza«

In Sizilien gelandet, bringt einen der Straßenverkehr schnell auf den Boden der Gegenwartsrealität zurück. Nachdem das erste kurze Erschrecken abgeklungen ist, stellt man jedoch fest, dass das Chaos nicht ohne Ordnung ist. Zwar drängen sich die Fahrzeuge dicht an dicht, jede kleinste Lücke im Verkehr wird flink ausgenutzt, manchmal wird auch rechts überholt, und doch spielt sich alles in größter Gelassenheit ab. Kaum einer der Fahrer wirkt nervös oder ungehalten, mit den Beifahrern wird gestenreich geplaudert, und wenn keiner zur Hand ist, wird zum Handy gegriffen oder kurz am Straßenrand gehalten. Fußgängern gegenüber sind die sizilianischen Fahrer aufmerksam, solange diese selbst beim Überqueren der Straße unaufmerksam erscheinen. Für einen offensichtlich aufmerksamen Fußgänger wird kaum jemand bremsen, kann dieser doch selbst die nächste Lücke erkennen und ausnutzen. Mit anderen Worten, Kommunikation ist in Sizilien in jeder Lebenslage wichtig, auch wenn sie sich häufig der Blicke, Zeichen und Gesten bedient. Mit Geduld – »pazienza« heißt das Zauberwort – und Freundlichkeit wird der anfangs Fremde fast jede Situation meistern.

Die Bewohner der einfachen Landstädte begegnen einem Fremden stets freundlich und aufgeschlossen.

THEMA: Auf Leben und Tod

In Sizilien steht der Tod mitten im Leben. Um das festzustellen, muss man nicht unbedingt in die Kapuzinerkatakomben von Palermo hinabsteigen (→ S. 102). Mit gebotener Zurückhaltung besucht, offenbaren sich die Totenstädte als prachtvolles Abbild der Welt jenseits der Mauern. Palermo, Palazzolo Acreide oder Caltagirone rühmen sich der schönsten Friedhöfe. Alle Architekturstile der Insel treffen im Miniaturformat zusammen: arabische Kuppelbauten, gotische Kapellen, barocke Opulenz und futuristische Mausoleen aus Beton und Aluminium.

In den letzten Oktobertagen tauchen in den Städten Marktstände auf. Spielzeug wird in erster Linie verkauft, die Blumenhändler halten eine unübersehbare Fülle von Chrysanthemen bereit, und aus den Bäckereien duftet es süß und würzig. Eines der großen Feste des Jahres steht vor der Haustür, für die Kinder noch wichtiger als Weihnachten. Am Tag nach Allerheiligen wird »I Morti« gefeiert. Die Kinder sind in der Nacht von den Verstorbenen beschenkt worden, und tagsüber geht die ganze Familie auf den Friedhof, um sich mit ihren Toten zu unterhalten. »Ossa dei morti« versüßen die Erinnerung, die »Totenknochen« sind das traditionelle Gebäck dieser Tage.

Die Kulte antiker Unterweltsgötter und barockes Memento mori finden während der Osterzeit zu ihrem Höhepunkt. In der Karwoche durchziehen Prozessionen viele Orte Siziliens, und der tote Christus wird im Trauerzug durch die nächtlichen Straßen getragen, begleitet von jammernden Frauen und Blechbläsern. Meist haben die Zeremonien jahrhundertealte Ursprünge; in Scicli etwa reichen sie bis ins 14. Jahrhundert zurück, und manchmal basieren sie sogar auf Kulten der Antike. Ein paar Tage lang feiert der Tod seinen größten Triumph, bis ihn am Ostersonntag das Leben besiegt.

Früher Privileg der Reichen – heute makabres Touristenspektakel: die Catacombe dei Cappuccini in Palermo (→ S. 102).

Sicilian Carousel

Verlässt man die Städte, lässt der Verkehr sofort nach. Ein relativ dichtes Netz von Autobahnen erleichtert das schnelle Fortkommen, und gut ausgebaute Landstraßen erreichen jeden noch so entlegenen Ort. Sizilien besitzt eine solche Fülle bedeutender Bauwerke und Kunstdenkmäler aller historischen Epochen, dass dem Reisenden vermeintlich keine Zeit bleibt, aus dem »Sicilian Carousel«, wie Lawrence Durrell die klassische Sizilienrundreise nannte, auszubrechen. Dabei sind es oft die kleinen, kaum besuchten Ausgrabungsstätten, eine verfallene Burg oder ein kleines Kirchlein, die einen intimeren Blick in das Leben vergangener Tage gewähren. Häufig liegen diese Orte darüber hinaus in atemberaubend schöne Landschaften eingebettet, die alleine schon den Umweg lohnen.

Berge, Meer und Inseln

Die drei Pelagischen Inseln Lampedusa, Linosa und das unbewohnte Lampione markieren die südlichsten Punkte des italienischen Staatsgebietes.

Landschaftlich steckt Sizilien voller Überraschungen. Die große Insel wird ihrerseits von mehreren Inselgruppen umgeben. Im Süden und auf der Höhe von Tunis liegen Pantelleria und die Peleagischen Inseln. Die Äolischen oder Liparischen Inseln im Norden Milazzos sind vulkanischen Ursprungs. Nirgendwo auf der Erde kann man mit so hoher Wahrscheinlichkeit Zeuge vulkanischer Aktivitäten werden wie auf Stromboli. Ústica lässt sich von Palermo aus am schnellsten erreichen und ist, wie die Äolischen Inseln auch, die über die Meeresoberfläche hinausragende Spitze eines Vulkans. Von kristallklarem Wasser umgeben, wurde 1987 hier der erste geschützte Meerespark der Region eingerichtet, ein Beispiel, das Schule machte. Trapani im Westen vorgelagert liegen die Ägadischen Inseln, Kalkgebirge im tiefblauen Meer.

Die vorgelagerten Inseln nicht gerechnet, erstreckt sich die sizilianische Küste über eine Gesamtlänge von 1040 Kilometern. Spektakuläre Golfe öffnen sich an den Steilküsten im Osten und Norden, während das Land im Süden und Westen zum Meer hin allmählich ausläuft. Sizilien ist in erster Linie ein Bergland, die Nordküste begleitet eine Kette von Gebirgen. Im Osten findet der kalabresische Aspromonte seine Fortsetzung in den sizilianischen Peloritani. Dann folgen die waldreichen Nebrodi und Madonien. Weiter im Westen löst sich das Bergland in einzelne kleine Kalkgebirgsstöcke auf, die trotz ihrer geringen Höhe oft ein alpines Aussehen haben. Der Monte Erice ist der westlichste dieser Berge auf dem Festland. Als flaches Kalktafelland überziehen die Monti Iblei den Südosten. Aus dem honigfarbenen Kalk wurden auch die Barockstädte gebaut, und nirgendwo in Sizilien hat das Licht eine solche warme Strahlkraft. Über das überwiegend hügelige Inselinnere wogen seit der Antike die endlosen Hartweizenfelder. Die Piana di Catania am Fuße des Etna ist die einzige große Ebene Siziliens. Künstlich bewässert, werden hier, so weit das Auge blicken kann, Orangen angebaut.

Schmiede des Hephaistos

Majestätisch steigt der Etna vom Meeresspiegel bis auf mehr als 3300 Meter auf, seine Höhe kann sich durch Ausbrüche in der Gipfelzone ständig ändern. 1998 und 1999 hat die Aktivität der Gipfelkrater stark zugenommen, und einige der Lavaflüsse ließen sich aus nächster Nähe beobachten, ein eindrucksvolles Naturschauspiel, das man so schnell nicht vergisst. Die Fahrt auf den Etna und die Besteigung seines Gipfels führt durch ebenso viele Kli-

Byzantinische Mönche schmückten Karstgrotten der Monti Iblei zu Kirchen aus, wie z. B. in der Cava d'Íspica.

ma- und Vegetationszonen, wie eine Fahrt von Palermo zum Nordkap. Subtropische Orangen- und Zitronenhaine werden von Eichen- und Buchenwäldern abgelöst, und bis in eine Höhe von 2500 Metern decken dornige Tragantpolster den Boden. Darüber erstreckt sich eine vegetationslose Lavawüste bis in die Gipfelzone. Den klassischen Blick auf den Vulkan genießt man ohne Anstrengung aus dem antiken Theater von Taormina.

Nicht nur zur Frühjahrszeit

Das Bild der Landschaft ändert sich mit den Jahreszeiten. Im Februar beginnt der bunte Reigen mit der Mandelblüte, und die sprichwörtliche »primavera siciliana« überzieht die Insel von März bis Mai mit einem Meer von Blüten. Ende Mai reift der Weizen golden heran, und dann beginnt sehr schnell der trockene und heiße Sommer – Erdfarben herrschen vor. Im September, wenn die Hitze allmählich abzuklingen beginnt, wird der Wein geerntet. Der Herbst hat keinen so werbewirksamen Beinamen wie das Frühjahr, und darum ist es über den kleinen Kreis der Kenner noch nicht hinausgedrungen, dass er eigentlich die schönste Reisezeit ist. Goethe gab als Erster den Rat: »Im Frühjahr zum Staunen, im Herbst zum Genießen.«

Mit Ausnahme der Gebirgsgegenden sind die Temperaturen auch im relativ kurzen Winter recht angenehm, wenngleich es des Öfteren regnet.

Während man im März und April noch von Kälteeinbrüchen überrascht werden kann, ist der Oktober auf angenehme Art sonnendurchglüht. Die Taunächte bringen auch ohne Regen Feuchtigkeit, und auf den Wiesen und in den Wäldern blüht es ein zweites Mal. Das Meer behält bis weit in den November angenehme Badetemperaturen, und noch im Dezember lassen sich, trotz der ersten Regen, viele schöne Tage erleben, eine ideale Jahreszeit zum Wandern und für den ungestörten Besuch der archäologischen Stätten.

Wirtschaftlicher Aufschwung

Die Wälder Innersiziliens fielen bereits in der Antike der Axt und dem Feuer zum Opfer, um Platz für Weizenäcker zu schaffen. Ausgedehnte Waldgebiete haben sich vor allem in den höheren Lagen der Nebrodi erhalten; hier kann man tagelang durch Buchenwälder wandern. Die artenreiche einheimische

Pflanzenwelt wurde im Laufe der Geschichte durch die Einfuhr zahlreicher Nutz- und Zierpflanzen bereichert. Oliven und Granatäpfel kamen wahrscheinlich durch Phönizier und Griechen ins Land. Zahlreiche Nutzpflanzen wurden von den Arabern eingeführt, wie Reis, Auberginen, Zuckerrohr, Orangen, Pistazien, um nur einige zu nennen. Aus der Neuen Welt kamen Feigenkakteen und Tomaten nach Sizilien.

Die Landwirtschaft ist nach wie vor der bedeutendste Wirtschaftsfaktor Siziliens und wird auf technisch neuestem Stand betrieben. Sizilien beliefert die europäischen Märkte mit Frühgemüse, ein Verkaufsschlager der letzten Jahre waren die aromatischen kleinen Kirschtomaten. Erhebliche Fortschritte hat die Weinindustrie gemacht, doch der Großteil der hervorragend ausgebauten Tropfen wird immer noch im Land selbst getrunken. Es gibt nur wenige größere Industrieansiedlungen in Sizilien, die meisten haben sich als folgenschwere Fehlschläge entwickelt. Catania hat den Sprung ins neue Jahrtausend gewagt und siedelt Mikroelektronik an. Das Wort vom »Etna Valley« macht die Runde.

Sizilien ist – nach Apulien – das zweitgrößte italienische Weinanbaugebiet.

Auch das ist Sizilien: Palmen am Meer und darüber der schneebedeckte Gipfel des dampfenden Etna.

Sizilien heute: mutig, fantasievoll, engagiert

Sogar das Amt des Bürgermeisters im ehemaligen Mafiadorf San Giuseppe lato (→ S. 118) wurde schon von einer Frau bekleidet.

Kaum ein Thema Siziliens ist stärker mit Klischeevorstellungen behaftet als das der Familie, die Mafia vielleicht ausgenommen. Am deutlichsten wird das am Bild der Frau. Lara Cardelas 1989 flott geschriebenes Erstlingswerk »Volevo i pantaloni« (Ich wollte Hosen) kann längst nicht mehr als kennzeichnend für die gesellschaftliche Situation herangezogen werden und hatte trotz seiner Medienwirksamkeit noch nie dazu getaugt. Sizilianische Frauen sind selbstbewusst, gut ausgebildet, sie werden von den Männern respektiert, und nicht selten trifft man sie in gehobenen Positionen an, sei es als Staatsanwältin, Bürgermeisterin oder Unternehmerin.

Sizilien schüttelt die alte Lethargie ab, die Tomasi di Lampedusa in seinem Roman »Der Leopard« so meisterhaft beschrieben hat, dass sie, immer wieder zitiert, beinahe als der eigentliche Nationalcharakter betrachtet wurde. »Den Schlaf, lieber Chevalley, den Schlaf wollen die Sizilianer …«, lässt er den Fürsten sagen. Nichts beschreibt die heutige Situation unzutreffender. Ausgelöst durch den politischen Frühling in Palermo bricht in den sizilianischen Städten das Leben aus, laut, mutig, vehement, fantasievoll, engagiert. Leoluca Orlando, der 1997 im Amt bestätigte Bürgermeister von Palermo, engagiert sich medien-

Große Schafherden ziehen im Sommer über die verkarsteten Hochebenen der Madonien (→ S. 66).

wirksam für eine Kultur, die den Menschen jenseits von Mafia Stolz und Identität geben soll. Die Wiedereröffnung des Teatro Massimo am 16. Mai 1997, das 23 Jahre lang wegen »Renovierung« geschlossen war, ist nur das spektakulärste Symbol des neuen Aufbruchs. Was vor Jahren undenkbar war, die Menschen erobern sich ihre Stadt zurück, auch nachts. Die Lifestyle-Journalisten waren schnell mit einem von Madrid entlehnten Begriff zur Hand, die »movida« von Palermo. Weniger bekannt ist der Aufbruch in Catania, der viel mehr noch an einen Ausbruch erinnert. Bürgermeister Enzo Bianco hat trotz aller Widerstände die Stadt, die völlig heruntergekommen war und als unregierbar galt, wieder zur eleganten Kultur- und Handelsmetropole Siziliens gemacht. Vor allem schaffte er seiner Stadt auch eine neue wirtschaftliche Basis. Große Elektronikkonzerne haben sich inzwischen niedergelassen. Die Altstadt ist mit dutzenden Pubs, Restaurants, Internet-Cafés und Musikbühnen zu neuem Leben erwacht.

Der Begriff »Etna Valley« für die Region um Catania wurde angesichts des wirtschaftlichen Aufschwungs, vor allem im Bereich der Mikroelektronik, geprägt.

Sizilien war, ist und wird immer ein Land mit vielen Widersprüchen und Diskrepanzen bleiben, ein Land, dessen Menschen nur wenig Mittelmaß kennen, ein Land mit uralter Weisheit, das bereit ist, in die Zukunft aufzubrechen, ein Land, das man lieben und hassen kann – und genau deswegen wird eine Reise nach Sizilien nie langweilig werden.

Tropisch wuchernde Parkanlagen bilden im hektischen Treiben Palermos Oasen der Ruhe.

Geschichte

Im Jahr 1130 empfängt der Normanne Roger II. die Königswürde. Das Krönungsmosaik ist in Palermo in der Martorana zu sehen (→ S. 104).

Steinzeitliche Höhlenmalereien, die im Westen Siziliens entdeckt wurden, sind die frühesten menschlichen Zeugnisse. Der antike Historiker Thukydides erwähnt die Zyklopen als die ersten Bewohner der Insel, und bei ihm findet man auch den Hinweis auf die Völker der Sikaner, Sikeler und Elymer, die auf Sizilien lebten, bevor die Griechen hier eine neue Heimat fanden.

Die Vorgeschichte

Ab dem 8. Jahrhundert v. Chr. entstehen entlang der sizilianischen Küste griechische Stadtstaaten.

Bereits im 2. Jahrtausend v. Chr. bestanden rege Handelsbeziehungen nach Mykene. Griechische Kolonisten des 8. Jahrhunderts v. Chr. bevorzugten diese alten Handelsstützpunkte für ihre Neugründungen. An der Ostküste Siziliens entstanden in den Jahren zwischen 735 und 728 v. Chr. Naxos, Syrakus, Catania, Leontinoi und Messina. In einer zweiten Siedlungswelle wurden an der Südküste Gela, Agrigent und Selinunt gegründet. Die Niederlassungen wuchsen schnell zu großen Städten heran, und ihre Bürger bezeichneten sich selbst als Sikelioten. Der fruchtbare Boden und der Handel mit Agrarprodukten mehrten rasch den Reichtum dieser Städte. Durch den Bau ungewöhnlich großer Tempelanlagen wurden ihre Namen bald zum Inbegriff von Pracht und Reichtum (→ KulTour S. 168).

Die klassische Antike

Die griechischen Stadtstaaten führten häufig gegeneinander Krieg. 480 v. Chr. gelang es jedoch den vereinten Heeren von Syrakus und Agrigent, die Karthager, eine bis dahin eher friedliebende, aber dennoch starke Handelskonkurrenz, bei Himera zu

Grabfunde der Bronzezeit aus Sant'Angelo Muxaro sinbd im Archäologischen Museum von Agrigent ausgestellt.

2500–800 v. Chr.
Urbevölkerung: Sikaner, vermutlich iberischer Herkunft, die durch die Sikuler (Italiker) gen Westen verdrängt wurden.

2000 v. Chr. | *1050* | *1000 v. C*

schlagen. Die Tempel in Agrigent (→ S. 52) und Syrakus (→ S. 130) erinnern noch heute an diesen Sieg, der den Beginn einer wirtschaftlichen und kulturellen Blütezeit in den Griechenstädten markierte. Das Zeitalter der Klassik war angebrochen. Ihre Vormachtstellung in Sizilien konnten die Sikelioten nur etwas mehr als 70 Jahre genießen, dann rächten sich die Karthager bitter: Sie zerstörten zahlreiche Städte und machten viele andere tributpflichtig.

Dank der umsichtigen Politik von Dionysios I., der erst Jahrhunderte später durch Schillers »Bürgschaft« zum Prototyp des Tyrannen werden sollte, konnte Syrakus sich die Unabhängigkeit bewahren und schließlich die Befreiung der eroberten Städte anführen.

Die römische Provinz Sizilien

Nach dem sizilianischen Abenteuer des Pyrrhos geriet Sizilien und damit auch Syrakus in den Strudel der Auseinandersetzungen zwischen Karthago und Rom, die als Punische Kriege in die Geschichte eingingen und mit dem Sieg Roms endeten. Mit dem Fall von Syrakus 212 v. Chr. endete die griechische Eigenständigkeit Siziliens, es wurde zur ersten Provinz des Römischen Reiches. Der siegreiche Feldherr Marcellus verschleppte eine unübersehbare Anzahl von Beutestücken in die Hauptstadt und leitete damit die schleichende Eroberung Roms durch die griechische Kultur ein.

Was die Römer mehr noch als Kunstschätze und verfeinerte Lebensart lockte, war der fruchtbare Boden Siziliens. Die Kriege hatten das Land entvölkert, die Felder lagen brach. Um die Landwirtschaft wieder anzukurbeln, verfrachtete man schiffsladungs-

Einen Einblick in die luxuriöse Lebenswelt der römischen Patrizier gewährt der Besuch der mosaikgeschmückten Villa del Casale bei Piazza Armerina.

8. Jahrhundert v. Chr.
Beginn der griechischen Kolonisation (Abb. Tempel von Segesta).

405–367 v. Chr.
Herrschaft des Tyrannen Dionysos I.; Karthagerkriege (Abb. »Ohr d. Dionysos«).

500 v. Chr.

weise Sklaven nach Sizilien, die auf den Latifundien zur Arbeit eingesetzt wurden. Zwei Generationen vor Spartacus lehnten sich die Sklaven Siziliens gegen Rom auf. Im Großen und Ganzen war die Zeit der römischen Herrschaft aber weniger durch kriegerische Auseinandersetzungen gekennzeichnet als durch eine weitgehende politische und wirtschaftliche Stabilität. Das hervorragende römische Straßennetz verband die Städte und großen Güter miteinander. Senatoren ließen sich luxuriöse Villen auf ihren Ländereien errichten, von denen die Villa del Casale (→ KulTour S. 154) nur das bekannteste Beispiel ist.

Sogar während der Unruhen des 3. Jahrhunderts n. Chr., die das Ende des Römischen Reiches einläuteten, blieb es auf Sizilien erstaunlich ruhig. Auch die vielen Kleinkriege gegen nordische Stämme berührten die Insel zunächst nicht, bis die Vandalen, aus Nordafrika kommend, 440 auch in Sizilien einfielen. Weder Vandalen noch später die Ostgoten waren aber bestrebt, ein dauerhaftes Reich aufzubauen, und so blieben die spätantiken Besitzverhältnisse weitestgehend unangetastet.

Byzanz

Kaiser Konstans II. machte Mitte des 7. Jahrhunderts vorübergehend Syrakus zur Hauptstadt des Byzantinischen Reichs.

Inzwischen hatte das Christentum auf der Insel Fuß gefasst. Bereits im Jahr 42 unserer Zeitrechnung bestand in Syrakus die erste christliche Gemeinde. Wie schnell sich die neue Religion ausbreitete, belegen die weitläufigen Katakomben (→ S. 132) aus dem 3. bis 4. Jahrhundert.

Im Jahre 535 eroberte Belisarios, Feldherr des oströmischen Kaisers Justinian, die Insel und machte sie zur byzantinischen Provinz. Aus dieser Zeit haben sich kaum bauliche Spuren erhalten. Einige

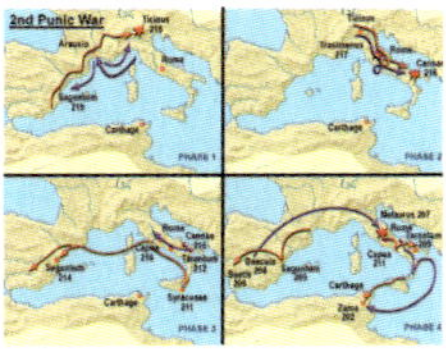

211/212 v. Chr.
Im 1. Punischen Krieg fiel Sizilien an Rom; im 2. Punischen Krieg gelingt auch die Unterwerfung von Syrakus.

211 v. Chr. bis 440 n. Chr.
Römische Provinz.

200 v. Chr. | *0*

längst verfallene Basilianerklöster und Felsenkirchen im Osten Siziliens, einsam und wunderschön gelegen, gehören zu den wenigen Zeugen dieser Epoche.

Die Araber

Seit dem 8. Jahrhundert machten arabische Piraten von Nordafrika aus die sizilianischen Küsten unsicher, während die byzantinische Position durch innere Machtkämpfe immer weiter geschwächt wurde. Als schließlich 827 der abtrünnige byzantinische Admiral Euphemios den Emir in Tunis um Hilfe ersuchte und ihm Sizilien als tributpflichtige Provinz anbot, reagierte dieser schnell. Mit der Landung einer Elitearmee von 10 000 Mann begann die arabische Eroberung Siziliens, die erst nach mehr als 70 Jahren, mit der Einnahme von Catania und Taormina 901, beendet sein sollte. 831 wurde Palermo genommen, und mit dem Fall von Syrakus 878 endete die byzantinische Epoche Siziliens.

Den Soldaten folgten Händler und Bauern aus Syrien, Nordafrika und dem maurischen Spanien. Gemeinsam war ihnen die Religion des Islam. Sobald die Insel endgültig in Besitz genommen war, begannen die neuen Herren zügig mit dem Wiederaufbau der Landwirtschaft. Das Land wurde aufgeteilt und an Kleinbauern vergeben. Dank des hoch entwickelten Bewässerungssystems konnte das Land nun weit intensiver bebaut werden als früher. Den arabischen Herrschern hat Sizilien Kulturpflanzen wie Bitterorangen, Datteln, Pistazien, Zuckerrohr, Baumwolle, Melonen und Auberginen zu verdanken. Maulbeerbäume und Seidenraupen wurden eingeführt. Die Seidenmanufakturen von Palermo

535–878 n. Chr.
Byzantinische Herrschaft.

827
Beginn der moslemischen Invasion.

831
Syrakus fällt in die Hände der Araber.

etwa 900
Taormina muss sich gegen die Araber geschlagen geben.

500 | *800* | *900*

florierten bis in die normannische Zeit. Auch die Bodenschätze der Insel wurden erschlossen, erste Meersalinen zur Salzgewinnung eingerichtet.

Andersgläubigen gegenüber verhielten sich die Araber ausgesprochen tolerant, kennt doch der frühe Islam noch keinen religiösen Fanatismus. Christen und Juden mussten lediglich eine Steuer zahlen, sofern sie an ihrem Glauben festhielten. Eine aufgeklärte Wirtschaftspolitik und die zentrale Lage der Insel ließen den Handel aufblühen; es herrschte außerordentlicher Wohlstand, und auch das kulturelle Leben florierte. Palermo entwickelte sich zu einer der bedeutendsten Städte des Mittelmeeres und musste den Vergleich mit Córdoba, Bagdad oder Konstantinopel nicht scheuen.

Unter arabischer Herrschaft erhielt Palermo seinen Rang als erste Stadt Siziliens, den es bis heute behielt.

Aufstieg der Normannen

Während die Araber in Nordafrika, Spanien und auf Sizilien blühende Reiche aufbauten, erwuchs ihnen hoch im Norden ein schlagkräftiger Gegner. Im Jahre 911 übergab der französische König Karl der Einfältige einem Trupp Wikinger die Normandie zum Lehen, die im Gegenzug den christlichen Glauben annahmen. Als frischgebackene Christen, die ungezügelte Abenteuerlust der Nordmänner im Blut, unternahmen die Normannen alsbald auch Pilgerreisen ins Heilige Land. Auf diesem Weg gelangten sie auch in den Süden Italiens.

Zu Beginn des 11. Jahrhunderts hatten sich bereits zahlreiche Normannen in Süditalien als Söldner der Langobarden verdingt. Militärisch besonders erfolgreich erwiesen sich die Söhne eines gewissen Tankred de Hauteville, allen voran Robert Guiscard und Roger. Den alteingessenen Herren wurden die Nor-

Araber führen persische Bewässerungsmethoden und neue Kulturpflanzen ein – Sizilien entwickelt sich zu einem blühenden Garten.

911
Karl der Einfältige gibt den Wikingern – unter der Bedingung, dass sie Christen werden – die Normandie zum Lehen.

1053
Papst Leo IX. wird von den siegreichen Normannen gefangen genommen.

1050

mannen schnell zur starken Konkurrenz, so dass sich Papst Leo IX. und der byzantinische Kaiser entschlossen, vereint gegen die »Plage Gottes« vorzugehen. Entgegen allen Erwartungen siegten die Normannen 1053 bei der Schlacht von Civitate und nahmen den Papst gefangen. Leos IX. Nachfolger auf dem Stuhl Petri, Nikolaus II., arrangierte sich mit den kriegerischen Freibeutern, ernannte sie zu Verteidigern des Christentums und gestand ihnen zu, über so viel Gebiet in Süditalien und Sizilien zu herrschen, wie sie zu erobern vermochten.

Die Eroberung der Insel begann im Mai 1061 und wurde durch die Zerwürfnisse rivalisierender Emire begünstigt. Der Emir Ibn-ath-Thumma von Catania hatte die Normannen zu Hilfe gerufen, um gemeinsam mit ihnen gegen einen Rivalen vorzugehen. Somit stand dem Siegeszug unter dem doppelten Segen des Papstes und Allahs nichts mehr im Weg. Mit dem Fall von Noto 1091 war die Eroberung Siziliens endgültig abgeschlossen.

Auf Abenteuer- und Beutesuche landeten die Grafen Robert Guiscard und Roger aus dem nordfranzösischen Geschlecht Hauteville am 18. Mai 1061 auf Sizilien.

Die Normannen waren die ersten Christen, die sich den Arabern in der Toleranz gegenüber Andersgläubigen ebenbürtig zeigten. Trotz des oft grausam geführten Krieges erfolgte die Unterwerfung unter meist großzügigen Bedingungen. So legte Roger die Verwaltung des 1072 eroberten Palermo in die Hände des zuvor besiegten Emirs. Die Normannen waren auf die arabischen und griechischen Bauern, Händler, Handwerker und Beamte angewiesen und schätzten deren hoch entwickelte Kultur und das ausgereifte Verwaltungssystem, das diese aufgebaut hatten. Die Steuer- und Finanzgeschäfte blieben weiterhin unter der Aufsicht des Diwan, und ein Großteil der Verwaltungsposten wurde erneut mit Arabern besetzt.

1061–1091
Normannische Eroberung Siziliens unter Roger I.

1130
Roger II. († 1154) vereinigt die Insel mit seinen unteritalienischen Besitzungen zu einem Königreich.

1100

Die Monarchia Sicula

Als Anerkennung für die Rückeroberung Siziliens aus der Hand der Ungläubigen erhielt Roger I. 1098 von Papst Urban II. den Grafentitel von Sizilien und die Befugnisse eines Apostolischen Legaten. Sein Sohn Roger II. konnte ein wohl bestalltes Erbe antreten. Sizilien verfügte über eine starke Flotte, Handel und Landwirtschaft blühten, und die Verwaltung arbeitete effizient. Durch Erbschaft waren Roger II. inzwischen auch die normannischen Ländereien in Süditalien zugefallen, deren Fürsten ihm nunmehr Vasallendienste leisten mussten.

Um seine Macht unangefochten ausüben zu können, unterstützte Roger II. den schismatischen Papst Anaklet II. gegen Innozenz II. und ließ sich im Gegenzug 1130 in Palermo zum König von Sizilien, Kalabrien und Apulien salben. Jetzt endlich konnte Roger II. die drei normannischen Herzogtümer Süditaliens zu einem mächtigen Reich verschmelzen. Aus den landlosen Söldnern, die vor einer Generation nach Italien gekommen waren, war eines der mächtigsten Herrscherhäuser Europas erwachsen. Kaum ein Reich konnte sich mit dem Normannenstaat an Reichtum, militärischer Stärke und Glanz der Hofhaltung messen. Neben seinem christlichen Namen trug Roger II., ähnlich einem arabischen Kalifen, auch den Titel al Mu'tazz bi-llah (durch die Gnade Gottes Erhöhter).

Dass Roger sein Herrschertum auch als sakrale Würde verstanden wissen wollte, demonstriert die Mosaikdarstellung in der Martorana-Kirche von Palermo: Er wird von Christus zum König gekrönt!

Roger II. regierte zwar autark wie ein byzantinischer Fürst, richtete aber auch ein Parlament ein und begründete damit den ersten modernen europäischen Beamtenstaat, dem er in den Assisen (Hoftagsbeschlüssen) von Ariano 1140 eine bindende Rechtsordnung gab. An seinem Hof in Palermo ent-

1166
Rogers Sohn Wilhelm I. stirbt (Abb. Sommeresidenz Zisa).

1171
Wilhelm II. lässt bei Palermo das Bistum von Monreale entstehen, um den von Rom eingesetzten Bischof zu schwächen.

1150

stand ein Studienzentrum, in welchem Muslime neben Christen und Juden gemeinsam antike Texte übersetzten und wissenschaftliche Studien betrieben.

Ein Denkmal, das die Regierungzeit Roger II. in einmaliger Weise und in allen kulturellen Aspekten widerspiegelt, ist die Cappella Palatina, die Hofkapelle im Normannenpalast von Palermo (→ S. 99).

Glanz und Niedergang der Normannen

König Wilhelm I. trug den Beinamen »der Böse«.

Unter Wilhelm I., Sohn und Nachfolger Roger II., kam es zum Aufstand der normannischen Barone, Staatsbeamte und Muslime wurden verfolgt.

Als Wilhelm I. 1166 starb, war sein Nachfolger Wilhelm II, genannt »der Gute«, noch ein unmündiges Kind. Die Vormundschaft übernahm die Witwe des Königs, Margarete von Navarra, die sich jedoch der Regentschaft nicht gewachsen fühlte. Tatenlos musste sie zusehen, als 1169 der erste von Rom eingesetzte Bischof, der Engländer Walter of the Mill, das Bistum von Palermo übernahm. Um das politische Gleichgewicht zu seinen Gunsten zu korrigieren und den sakralen Anspruch seines Königtums mit allem Nachdruck zu manifestieren, richtete Wilhelm II. unmittelbar nach seiner Thronbesteigung 1171 dicht bei Palermo das Bistum von Monreale (→ S. 117) ein.

Im Jahr 1186 heiratete Konstanze, eine nachgeborene Tochter Roger II., den Staufer und späteren deutschen Kaiser Heinrich VI. Als Wilhelm II. 1189 früh und kinderlos starb, versank das Reich im Chaos antimuslimischer Ausschreitungen, Rebellionen und Kriege zwischen den Adelsparteien. Nach fünf Jahren gelang es Heinrich IV., den durch seine Ehe mit Konstanze legitimierten Anspruch auf Sizi-

12./13. Jh.
Walter of the Mills Kathedrale von Palermo, wo auch Friedrich II. begraben liegt.

1194–1197
Heinrich VI., König von Sizilien; als er stirbt, ist Friedrich noch minderjährig, somit verliert das Kaisertum in Italien an Einfluss.

1180

1200

lien mit militärischer Gewalt durchzusetzen. Am Weihnachtstag 1194 ließ er sich zum König von Sizilien krönen. Mit diesem Akt begann die staufische Herrschaft über die Insel, die bis 1268 dauern sollte.

Einen Tag nach der Krönung Heinrichs VI. gebar Konstanze in Jesi den zukünftigen Kaiser Friedrich II. – »il nostro Federico«, der bei den Sizilianern als genialer Astrologe, Dichter und Wissenschaftler bis heute unvergessen ist.

Friedrich II., König von Sizilien und Kaiser des Heiligen Römischen Reiches

Bereits die Umstände von Friedrichs Geburt am 26. Dezember 1194 waren ungewöhnlich. Eine Reihe von Prophezeiungen kündigte einen Friedensbringer und einen Weltenkönig an, der den Osten und Westen vereinen sollte. Andere Weissagungen sprachen von der Ankunft des Antichristen. Darin drückte sich die Zerrissenheit und Unsicherheit der Zeit aus, in die Friedrich II. hineingeboren wurde.

Mit Friedrich II. wurde ein Herrscher geboren, der mit Geschick und eiserner Macht einen aufgeklärten Zentralstaat formen sollte.

Friedrich II. wurde kurz nach der Geburt in die Obhut Konrads von Urslingen, des Herzogs von Spoleto, gegeben. Heinrich VI. brachte indessen den Normannenschatz auf 160 Maultieren nach Deutschland, um die Fürsten für die Wahl Friedrichs zum deutschen König zu gewinnen.

In Sizilien aber formierte sich innerhalb des normannischen Adels eine Oppositionspartei gegen die Deutschen, der sich auch Konstanze nach langem Zögern anschloss. Die Verschwörung wurde entdeckt, und Heinrich VI. ging mit gnadenloser Brutalität gegen die Barone vor. Konstanze musste 1197 in Palermo der Hinrichtung beinahe des gesamten normannischen Adels beiwohnen. Während der Vorbe-

1198–1216
Papst Innozenz III. gelingt es, die politische Macht des Papsttums zu stärken.

1198
Friedrich II. wird in Palermo zum König von Sizilien gekrönt.

1200

reitungen zu einem Kreuzzug erkrankte Heinrich VI. im Spätsommer des gleichen Jahres und verstarb 32-jährig in Messina. Sein Tod löste in Deutschland einen Bürgerkrieg zwischen Staufern und Welfen aus, die Zukunft Friedrichs II. als deutscher König schien mehr als ungewiss.

Nach Heinrich VI. Tod erwies sich Konstanze als eine echte Hauteville. Ihr Ziel war es, Sizilien als normannisches Königreich wieder herzustellen. Sie ließ ihren dreijährigen Sohn nach Sizilien holen und am Pfingstsonntag 1198 in der Kathedrale von Palermo zum König von Sizilien krönen. Im Juli wählten die deutschen Fürsten Otto IV. zum Gegenkönig. Als Konstanze noch im gleichen Jahr starb, war Friedrich II. Vollwaise.

Wenig ist über die Kindertage Friedrich II. in dem von wechselnden Adelsfraktionen kontrollierten Palermo bekannt. Offensichtlich hat er sich in diesen Jahren eine Fülle an Wissen und Lebenserfahrung angeeignet und die unterschiedlichsten Kultureinflüsse, die sich ihm in Palermo boten, begierig aufgenommen.

Aufschwung für den maroden Staat

Mit 14 Jahren übernahm Friedrich II. ein durch Terror und Rebellion zerrüttetes Reich mit leeren Staatskassen. Das Blatt wendete sich zu Friedrich II. Gunsten, nachdem Papst Innozenz III. Otto IV. mit dem Kirchenbann belegte und die Wiederwahl Friedrich II. zum deutschen König förderte. 1220 wurde Friedrich II. von Papst Honorius III. in Rom zum Kaiser gekrönt. Er trug den Krönungsmantel seines Großvaters Roger II., der zum Krönungsmantel einer langen Reihe abendländischer Könige und

Friedrich II. galt für damalige Verhältnisse als außerordentlich gebildet – u. a. sprach er fließend Italienisch, Lateinisch, Griechisch, Arabisch, vermutlich auch Deutsch.

1198–1250
Der 3-jährige Friedrich II., als Waise unter die Obhut von Innozenz III. gestellt, errichtet später in Sizilien ein zentralisiertes Staatswesen.

1250

Kaiser werden sollte. Der Mantel wird heute zusammen mit anderen Prunkgewändern sizilianischer Könige in der Wiener Schatzkammer aufbewahrt.

Im gleichen Jahr kehrte Friedrich II. nach Sizilien zurück, das nicht zum Kaiserreich gehörte, sondern Besitz der Krone war. Hier erwies er sich ganz als Erbe der Normannen und baute einen straff zentralisierten, finanzkräftigen Beamtenstaat ohne feudale Zwischengewalten auf. Nach Niederschlagung der sarazenischen Aufstände wurden die überlebenden Muslime nach Süditalien deportiert, wo ihnen der König die Garnisonsstadt Lucera überließ, sie aber gleichzeitig zum Dienst in seiner Leibgarde verpflichtete. Durch diese Maßnahme wurde Sizilien eines Großteils seiner Kleinbauern beraubt, so dass die Landwirtschaft zusehends verfiel. Friedrich II. ließ zur Ausübung seiner Macht in einigen Städten Ostsiziliens Zwingburgen errichten. Eindrucksvolle Zeugnisse seiner Herrschaft sind das Castello Maniace in Syrakus (→ S. 130) und das Castello Ursino in Catania (→ S. 60). Als der Hof von Palermo nach Apulien verlegt wurde, bedeutete dies das Ende des ehemals blühenden kulturellen Zentrums der Normannenkönige. So ist es verständlich, dass Sizilien kaum um den Sohn der Konstanze trauerte, als die sterblichen Überreste des Kaisers 1250 im Dom zu Palermo (→ S. 103) beigesetzt wurden. Wie seine Geburt und sein Leben wurde auch sein Tod von Mythen umrankt. Ein franziskanischer Mönch wollte am Todestag des Kaisers gesehen haben, wie dieser an der Spitze eines schwer gerüsteten Heeres in den Schlund des Etna einritt. Die Vorstellung des im Berg residierenden Kaisers wurde erst später auf dessen Großvater Barbarossa und den Kyffhäuser übertragen.

Nachdem Friedrich II. am 13. Dezember 1250 im apulischen Castel Fiorentino gestorben war, überführt seine sarazenische Garde seinen Leichnam nach Palermo.

1265–1380
Karl I. von Anjou, durch Papst Klemens IV. mit dem Königreich Sizilien belehnt, erstrebt die französische Vorherrschaft in Italien, von 1309 bis 1376 Papstresidenz Avignon.

1282
»Sizilianische Vesper«, Volksaufstand gegen die herrschenden Franzosen.

1250

1280

Die Tragik des Staufergeschlechtes hatte seine Wurzel in der unversöhnlichen Gegnerschaft des Papsttums, das eine Umklammerung des Kirchenstaates fürchtete. Die Kämpfe setzten sich auch nach dem Tod Friedrich II. fort. Der Papst ruhte nicht eher, bis sein Verbündeter, Karl von Anjou, auch die letzten Staufer ausgerottet hatte. Das Geschlecht endete am 29. Oktober 1268 in Neapel mit der Hinrichtung von Konradin, dem Enkel Friedrich II.

Die Sizilianische Vesper

Papst Clemens IV. hatte Karl von Anjou, den Bruder des französischen Königs, bereits 1266 mit der Krone von Sizilien belehnt, doch dieser verlegte seine Hauptstadt von Palermo nach Neapel. Gegen die Herrschaft der Franzosen, die in zeitgenössischen Quellen »grausamer als die Grausamkeit« beschrieben wird, kam es 1282 zum Volksaufstand, der als »Sizilianische Vesper« in die Geschichte einging (→ S. 109). Die Aufständischen riefen Peter III. von Aragon ins Land, der als Gatte von Manfreds Tochter Konstanze einen Anspruch auf das staufische Erbe hatte. Mit der Sizilianischen Vesper begann für Sizilien ein mehr als 90 Jahre dauernder Krieg zwischen Anjou und Aragón. Im Frieden von Caltabelotta 1302 wurde Sizilien von Süditalien abgetrennt und der Friede von Avignon 1372 besiegelte diese Trennung, die erst 1816 von den Bourbonen wieder aufgehoben werden sollte. Beredte Zeugnisse jener Zeit blutiger Auseinandersetzungen sind die befestigten Stadtpaläste und Burgen der sizilianischen Adelsgeschlechter, am eindrucksvollsten heute noch das Castello Ventimiglia in Castelbuono (→ S. 72) und das Castello Chiaramonte in Cáccamo (→ S. 70).

Brutalität, Verschwendungssucht und Korruption des neuen Regimes gipfelten am 31. März 1282 in den blutigen Ereignissen der »Sizilianischen Vesper« in Palermo.

1282–1372
Krieg zwischen Anjou und Aragón; Abtretung Siziliens an Aragón; Frieden von Avignon.

1479
Ferdinand II. von Aragonien heiratet Isabella von Kastilien.

1300 *1450*

Die Zeit der Vizekönige

Das 14. Jahrhundert ging mit den kriegerischen Auseinandersetzungen zwischen den mächtigen Geschlechtern der Ventimiglia (→ S. 71) und Chiaramonte (→ S. 70) traurig zu Ende. Mit Martin II., der 1412 ohne direkte Nachkommen starb, endete die aragonesische Seitenlinie in Sizilien, und es begann die Ära der 78 Vizekönige, die während der nächsten 400 Jahre das Schicksal der Insel bestimmen sollten.

Die Heirat von Ferdinand II. von Aragón und Isabella von Kastilien 1479 legte den Grundstein für die Herausbildung des spanischen Reiches. Karl V. ließ nach seinem Regierungsantritt 1516 die Insel mit mächtigen Festungsanlagen und einer Kette von Küstenwachtürmen zum Bollwerk gegen die Türken ausbauen. Sizilien musste Karl V. Kriege auf dem europäischen Festland durch die Abgabe riesiger Gold- und Silbermengen finanzieren. Die Entdeckung Amerikas verlagerte das Handelsinteresse immer stärker in Richtung Atlantik, und Sizilien wurde zusehends in eine Randlage gedrängt.

1693 richtet ein schweres Erdbeben im Osten Siziliens gewaltige Schäden an. Noto und Módica werden fast vollständig zerstört, große Teile von Syrakus und Ragusa ruiniert, Catania wird in einen Steinhaufen verwandelt. Der Wiederaufbau erfolgt im prachtvollen Barockstil.

Politisches Programm der Vizekönige Siziliens war es, die Ruhe im Land zu bewahren. Sie führten kaum Veränderungen ein und ließen die Privilegien des Adels weitgehend unangetastet.

Im 18. Jahrhundert wurde Sizilien schließlich zum Spielball kontinentaleuropäischer Interessen und fiel nach den Spanischen Erbfolgekriegen zunächst 1713 an Savoyen, 1720 wurde es Österreich zugesprochen, und 1735 gelangte es an eine Nebenlinie der spanischen Bourbonen. Am 30. Juni des gleichen Jahres wurde Karl III. von Bourbon als letzter König in Palermo gekrönt, seine Residenz verlegte er nach Neapel.

1519–1556
Karl V. lässt die Insel zum Bollwerk gegen die Türken ausbauen.

17. Jahrhundert
Pest und hohe Abgaben im Dreißigjährigen Krieg belasten die Insel. Einwanderung der Albaner.

1500

1700

Während die Bourbonen in Neapel Hof hielten, gelang es dem aufgeklärten Vizekönig Caracciolo, einige dringend nötige Reformen in Sizilien durchzusetzen. Trotzdem konnte die wirtschaftliche Entwicklung Siziliens mit der Industrialisierung anderer europäischer Staaten nicht mithalten, die Lage der Bauern blieb hoffnungslos.

Garibaldi und der Italienische Nationalstaat

Als Garibaldi am 11. Mai 1860 mit seinen 1000 Freiwilligen in Marsala landete, fand er zunächst großen Rückhalt bei der sizilianischen Bevölkerung. Er versprach den Armen, die keine Ahnung von Piemont oder Italien hatten, Land und Reformen. In einem Guerillakrieg gelang es ihm, die zahlenmäßig überlegenen und militärisch weitaus besser gerüsteten Bourbonen von der Insel zu jagen. 1861 wurde Sizilien Teil des neu gegründeten Königreichs Italien.

Anstatt das jahrhundertealte sizilianische Parlament wieder zu beleben, proklamierte Garibaldi das piemontesische Parlamentssystem und führte piemontesische Gesetze ein. Die anfängliche Begeisterung der Sizilianer wich dem Gefühl, von Piemont annektiert worden zu sein.

Die von Garibaldi gegebenen Versprechen wurden nicht eingelöst, das Bandenunwesen feierte fröhliche Urständ, und Bauernaufstände wurden blutig niedergeschlagen. Als die Bauern von Bronte (→ S. 64) die Ländereien von Admiral Nelsons Erben besetzten, wurden ihre Anführer erschossen. Emigration schien für viele die einzige Rettung zu sein. 1,5 Millionen Sizilianer wanderten Ende des 19. Jahrhunderts in die USA, nach Südamerika, Nordafrika oder Australien aus. In diesen Jahren

Nach einem Erdbeben in Messina im Jahr 1908 sind 80 000 Todesopfer zu beklagen.

1848
Giuseppe Garibaldi landet mit 1000 Freiwilligen in Marsala.

1861
Vittorio Emanuele wird König von Italien.

1870
Vereinigtes Königreich Italien mit der Hauptstadt Rom.

1850 *1900*

bildete sich auch das System der Mafia heraus. Giuseppe Tomasi di Lampedusa beschrieb den Anbruch dieser neuen Zeit in seinem Roman »Der Leopard« aus der Perspektive des Adels; das Gegenstück ist Giovanni Vergas »Mastro Don Gesualdo«. Ein sizilianischer Autor unserer Tage, Andrea Camilleri, führt in seinen historischen Kriminalromanen die piemontesischen Verwaltungsbeamten, die schlauen Sizilianer und die »ehrenwerten« Mitglieder der Gesellschaft vor.

Während dieser Zeit wurde in Palermo die Belle Époque gefeiert. Der Unternehmerfamilie Florio war es gelungen, eine kleine industrielle Revolution auszulösen, bis die Krise des Ersten Weltkrieges auch in Sizilien bitter zuschlug.

Die Moderne – nicht nur Mafia

Während des Zweiten Weltkrieges hatte Sizilien stark unter Luftangriffen zu leiden.

Der aufkommende Faschismus änderte zunächst nicht viel an der prekären Situation Siziliens. Nachdem Versuche, die Landwirtschaft zu verbessern, scheiterten, verbot Mussolini kurzerhand die Auswanderung. Sein Präfekt Mori ging eisern gegen die Mafia vor. Einen Staat im Staat wollte der Duce nicht dulden. Als die Alliierten nach schweren Bombenangriffen 1943 an der Südküste landeten, stand die Bevölkerung auf ihrer Seite. Die Hilfestellung der Mafia, durch Lucky Luciano vermittelt, ist nie völlig geklärt worden. Doch plötzlich zählten die unter Mori verhafteten Mafiosi als frisch gebackene Antifaschisten zu den Männern der ersten Stunde. Die Bauernfrage war noch immer ungelöst, und als es zu kommunistisch motivierten Aufständen kam, wendeten sich die Großgrundbesitzer instinktiv an »Ehrenmänner« wie Don Calogero Vizzini oder Gen-

1922–1943
Jahre des Faschismus unter Benito Mussolini.

1943
Die Landung alliierter Truppen an der Südküste Siziliens leitet das Ende des Zweiten Weltkrieges für Italien ein.

1945/1946
Salvatore Giuliano träumt vom unabhängigen Sizilien.

1940 *1950*

co Russo. Eine schillernde Figur dieser Zeit war auch der Bandit Salvatore Giuliano, der von der Unabhängigkeit Siziliens träumte. Um die Loslösung Siziliens von Italien zu verhindern, erhielt die Insel 1946 innerhalb der italienischen Republik den Status einer autonomen Region. Die entscheidende Rolle Siziliens in den vier Jahrzehnten des italienischen »Mal Governo«, wie heute die Zeit der christdemokratischen Regierung umschrieben wird, ist gegenwärtig Gegenstand juristischer Aufarbeitung. Dreieinhalb Jahre wurde gegen Giulio Andreotti, Italiens mächtigster Nachkriegspolitiker, siebenmaliger Regierungschef und graue Eminenz der Democrazia Cristiana, verhandelt. Die Anklage lautete auf Mord-Anstiftung und Mafia-Beihilfe. Im Oktober 1999 wurde Andreotti freigesprochen – aus Mangel an Beweisen.

Wie etwa Friaul und Südtirol hat Sizilien seit 1946 ein eigenes Parlament und eine Regierung zur Lösung regionaler Probleme.

Bei dem alles überstrahlenden negativen Bild der Mafia, die letztendlich nur eines von vielen Gesichtern der Insel ist, sollte nicht vergessen werden, dass gerade Sizilianer zu den mutigsten Bekämpfern der mafiös-politischen Krake gehören. Die Untersuchungsrichter Giuseppe Falcone und Paolo Borsellino, die 1992 bei Attentaten getötet wurden, sind die bekanntesten Opfer der Mafia. Doch es gibt noch zahllose andere, die sich für eine neue Gesellschaftsordnung eingesetzt haben. Der Kampf gegen die Mafia ist vielleicht noch nicht gewonnen, findet aber immer breiteren Rückhalt in der Bevölkerung, und längst ist eine neue Generation herangewachsen, die selbstbewusst ihr Schicksal in die Hand nimmt. Im Mai 2001 wurde in Sizilien zum ersten Mal der Regionspräsident direkt vom Volk gewählt. Leoluca Orlando (→ S. 37), der frühere Bürgermeister von Palermo, unterlag dabei Totò Cuffaro, einem Vertreter des alten Systems. Ein Rückschritt?

1957
Italien ist Gründungsmitglied der EWG (heute EU).

15. Januar 1993
Der Mafiaboss Totò Riina wird verhaftet.

Juni 2001
Die gewaltigen Ausbrüche des Ätna im Sommer 2001 bedrohen den Ort Nicolosi.

1990

THEMA: KurzBiografien

Archimedes (* Syrakus 287 v. Chr., † Syrakus 212 v. Chr.), Mathematiker und Ingenieur. Archimedes studierte in Alexandria und erfand hier die »archimedische Schraube«, die heute noch in den Salinen von Trapani zum Wasserpumpen verwendet wird. Nach dem Stapellauf der »Syrekosia«, einer Titanic der Antike, bewies er die Hebelgesetze, und mit dem Schrei »heureka« sprang er aus der Badewanne, als er das hydrostatische Prinzip erkannt hatte. Während der Belagerung von Syrakus durch die Römer half Archimedes mit genialen Kriegsmaschinen seine Stadt zu verteidigen.

Strathern, Paul: Archimedes und der Hebel, Frankfurt a. M. (Fischer) 1999

Bellini, Vincenzo (* Catania 3.11.1801, † Puteaux bei Paris 24.9.1835), Opernkomponist. Großvater und Vater waren Domkapellmeister in Catania, Vincenzo Bellini sollte die Musikbühnen der Welt erobern. Sein Talent wurde früh erkannt, und er erhielt ein Stipendium für das legendäre San Carlo in Neapel. In der Mailänder Scala debütierte er 1827 mit der Oper »Il Pirata«; die Werke »I Capuleti ed i Montecchi«, »La Sonnambula« und »Norma« folgten. Die Belcanto-Arien verzauberten seine Zeitgenossen. In Paris schuf »der Schwan von Catania« 1835 noch ein letztes Meisterwerk, bevor er starb. Bellinis Asche wurde 1876 in seine Heimatstadt zurückgeführt und im Dom beigesetzt.

Vincenzo Bellini

Falcone, Giovanni (* Palermo 20.5.1939, † bei Palermo 23.5.1992), Untersuchungsrichter. Giovanni Falcone kam im Kalsa-Viertel von Palermo, das immer auch Nährboden der Cosa Nostra war, zur Welt. Er schlug die Laufbahn des Richters ein. Sein mutiges und humanes Eintreten für Recht und Gesetz kostete Falcone das Leben. Am 23. Mai 1992 starb er mit seiner Frau und drei Begleitern bei einem Bombenattentat.

Giovanni Falcone

Falcone, Giovanni & Marcelle Padovani: Inside Mafia, München (Herbig) 1992

Lampedusa, Giuseppe Tomasi di (* Palermo 23.12.1896, † Rom 23.7.1957), Schriftsteller. Der Herzog von Palma und Fürst von Lampedusa brachte 1955 innerhalb weniger Wochen seinen einzigen Roman »Der Leopard« zu Papier. Für die Familiensaga des Fürsten Salina, der im Jahre 1860 den Zusammenbruch des Königreichs beider Sizilien miterlebte, wählte er seinen Großvater zum Vorbild. 1963 verfilmte Luchino Visconti den »Gattopardo« an den sizilianischen Originalschauplätzen.

Lampedusa, Giuseppe Tomasi di: Der Leopard, München (Piper) 1996

Messina, Antonello da (*Messina 1430, †Messina 1479), Maler. Antonello ist der bedeutendste sizilianische Maler und einer der herausragenden italienischen Künstler des 15. Jahrhunderts. Als junger Mann kam er in Neapel in Berührung mit der niederländischen Ölmalerei. Er löste sich von der Tradition, die eine Wiedergabe der Heiligenfiguren symbolisch und auf Goldgrund vorschrieb, gab seinen Figuren menschliche Züge und stellte sie frei in den Raum. Die Ausdruckskraft seiner Bilder beruht auf extrem vereinfachten Formen und der außergewöhnlichen Leuchtkraft der Farben. In den Museen von Cefalù, Messina, Palermo und Syrakus lassen sich seine Meisterwerke bewundern.

Orlando, Leoluca (*Palermo 1947), Professor für Öffentliches Recht, Ex-Bürgermeister von Palermo. Orlando ist für sein engagiertes Eintreten gegen die Mafia viel gelobt und häufig kritisiert worden. 1999 wurde ihm in Weimar die Goethe-Medaille verliehen. Orlando, der einige Studienjahre in Heidelberg verbracht hat, behauptete gerne von sich selbst, ein Bürgermeister mit »deutschem Kopf und sizilianischem Herzen zu sein«.

Leoluca Orlando

Pirandello, Luigi (*Agrigent 28.6.1867, † Rom 10.12.1936), Schriftsteller. Pirandello verließ Sizilien, um erst in Rom, dann in Bonn zu studieren. Hier promovierte er 1891 über den Dialekt seiner Heimatstadt. Zurück in Rom, führte ihn sein Landsmann Luigi Capuana in die literarische Welt ein. 1903 zerstörte ein Wassereinbruch die väterliche Schwefelgrube. Das Vermögen war verloren. Nach diesem Schicksalsschlag entschloss sich Pirandello, um sein Leben zu schreiben. Ein Roman, Erzählungen, Gedichte und Artikel erschienen in schneller Folge, dann wandte er sich immer stärker dem Theater zu. Das Stück »Sechs Personen suchen einen Autor« brachte ihm 1922 den Weltruhm. In seinen Novellen, von denen einige durch die Gebrüder Taviani kongenial verfilmt wurden, wendete er sich erneut Sizilien zu. 1934 wurde Pirandello der Literaturnobelpreis zugesprochen. Er starb in Rom, und seine Asche ruht heute unter einer Pinie über dem Meer von Agrigent.

Pirandello, Luigi: Feuer ans Stroh. Sizilianische Novellen, Berlin (Wagenbach) 1997

Hotels und andere Unterkünfte

Traumhafte Lage: das Hotel »Eremo della Giubilian« in Ragusa.

Hotels und andere Unterkünfte

Die Auswahl von Unterkunftsmöglichkeiten reicht in Sizilien von altehrwürdigen Grand Hotels aus der Zeit der Belle Epoque über charmante Adelsvillen, urige Landgüter, freundliche Strandhotels, nette Familienpensionen bis hin zu gesichtslosen Betonburgen.

Unterkunftsverzeichnisse sind gratis bei den Tourismusämtern der jeweiligen Provinzen (AAPIT) bzw. Orte (AAST) erhältlich – mit etwas Glück sogar vom laufenden Jahr.

Sanfter Tourismus auf dem Lande
Zu Recht erfreuen sich die Agriturismo-Betriebe – die italienische Variante der Ferien auf dem Bauernhof – wachsender Beliebtheit. In alten Gutshöfen und Sommervillen des Adels findet der Gast häufig das beste Preis-Leistungs-Verhältnis und vor allem auch ein ausgezeichnetes Essen. Die meisten Agriturismi sind in zwei großen Dachverbänden zusammengeschlossen:
- Agriturist, Via Alessio Di Giovanni 14, 9014 Palermo, Tel. 0 91 34 60 46, www.agriturist.it.
- Consorzio Villagio Globale, Via Remon Sandron 61, 9014 Palermo, Tel. 0 91 34 87 66, www.raisi.it/villglob.

Mit Zelt und Wohnmobil
Die rund 100 offiziellen Campingplätze Siziliens konzentrieren sich entlang der Nord- und Ostküste. Im Internet: www.camping.it/sicilia.

Gut & günstig
Gute Nachrichten auch für Low-Budget Reisende: Ohne Altersbeschränkung stehen in Sizilien Mitgliedern des Internationalen Jugendherbergsverbandes inzwischen sechs Häuser der Associazione Italiana Alberghi per la Gioventù (www.hostels-aig.org) zur Verfügung – wie die Neueröffnungen der Jugendherbergen in Noto (Via Fratelli Bandiera 1, Tel./Fax 09 31 57 15 34) und Taormina (Via San Francesco di Paola 9, Tel. 0 94 22 31 93, Fax 09 42 79 47 02, fantonino@tiscalinet.it).

Aktuelle Unterkunftstipps zum Ausdrucken finden sich auch auf der Website des Autors »www.walksicily.de« unter »REISE-TIPPS«.

Preisklassen

Die Preise gelten für zwei Personen im Doppelzimmer inkl. Frühstück.
★★★★ ab 180 €
★★★ bis 180 €
★★ bis 80 €
★ bis 40 €

Alle in diesem Buch empfohlenen Unterkünfte auf einen Blick

Komforthotels für höhere Ansprüche

Agrigent: Baglio della Luna ★★★★ ... S. 56
Agrigent: Villa Athena ★★★★ ... S. 56
Palermo: Centrale Palace Hotel ★★★★ M M ... S. 112
Ragusa: Mediterraneo Palace ★★★ ... S. 128
Syrakus: Grand Hotel ★★★ ... S. 136
Taormina: Grand Hotel Timeo ★★★★ ... S. 142

Charmante Stadthotels

Lipari: Augustus ★★★ ... S. 91
Palermo: Massimo Plaza Hotel ★★★ M ... S. 112
Petralìa Sottana: Le Madonie ★★ M ... S. 74
Syrakus: Domus Mariae ★★★ ... S. 128
Taormina: Villa Schuler ★★★ M M M ... S. 143

Stadthotels der Mittelklasse

Catania: Savona ★★ ... S. 63
Caltanissetta: San Michele ★★★★ ... S. 79
Enna: Grande Albergo Sicilia ★★★ ... S. 84
Palermo: Letizia ★★ ... S. 112
Trapani: Crystal ★★★ ... S. 150

Familiäre Hotels mit guter Küche

Cefalù: La Giara ★★ ... S. 69
San Michele di Ganzaria: Pomara ★★★ M ... S. 86
Panarea: Da Pina ★★ M M ... S. 93
Salina: Signum ★★★ M M M ... S. 94
Palazzo Adriano: Del Viale ★ ... S. 120
Ragusa: Rafael ★★ ... S. 128
Erice: Elimo ★★★ ... S. 151

Strand- und Ferienhotels

Cefalù: Kalura ★★★ ... S. 69
Castel di Tusa: L'Atelier sul Mare ★★★★ M ... S. 74
Lipari: Giardino sul Mare ★★★ ... S. 91
Lipari-Canneto: Casajanca ★★ M ... S. 91
Stromboli: La Sirenetta ★★★ ... S. 95
Marinella di Selinunte: Lido Azzuro ★★ ... S. 148
Valderice-Bonagia: Tonnara di Bonagia ★★★★ ... S. 150

Hotels im Grünen

Acireale: Aloha d'Oro ★★★ ... S. 59
Messina-Ganzirri: Villa Morgana ★★★ ... S. 97
Valderice: Baglio Santacroce ★★★ M ... S. 151

Familienfreundliche Agriturismi

Mascalucia: Villa Trinità ★★ M ... S. 63
Gangi: Tenuta Gangivecchio ★★★ M M ... S. 73
Tusa: Borgo degli Olivi ★★ ... S. 74
Noto: Villa Al Canisello ★★ ... S. 126

Privatzimmer

Castelbuono: Cooperativa Obiettivo Madonita ... S. 72

Essen und Trinken

Moloch Palermo – in der Stadt der Gegensätze befindet sich ein Juwel: das Grand Hotel Villa Igiea, das vom Jugendstilmobiliar bis zum Service keine Wünsche offen lässt.

Essen und Trinken

Bildung ist in Sizilien ein Genuss, denn hier geht die Geschichte durch den Magen. Auch wenn in der Odyssee die Insel als ein Ort kulinarischen Überflusses besungen wird, so wissen wir doch wenig Genaues über die Küche der Antike, zumindest aber so viel: das erste Kochbuch des Westen wurde im 5. Jahrhundert v. Chr. von einem Syrakusaner namens Mithaecus verfasst. Die Vorliebe für stark gegensätzliche Geschmäcker in den Speisen reicht in die Antike zurück, und auch wenn es die Fischpaste »garum« nicht mehr gibt, so finden sich doch gesalzene Sardellen häufig als Zutat in der Küche. Jede Eroberung, die Sizilien hinnehmen musste, bereicherte auf der anderen Seite den Speisezettel. Ein besonders reiches Erbe hinterließen die Araber, zum Beispiel »pasta con le sarde« – Nudeln mit frischem Fenchel, Sardinen, Korinthen und Pinienkernen. Womit auch der Glaube, Marco Polo hätte als Erster die Nudel aus China nach Italien gebracht, getrost in das Reich der Fabel verwiesen werden kann. Eine andere Speise, deren Erfindung den Arabern zugute gehalten wird, trat von Sizilien den Siegeszug um die Welt an: Speiseeis. Ätna-Schnee wurde im Winter in Gruben gesammelt und zu Eis gepresst, und mit dem Eis kühlten die Araber ihr »sarbat«, süßer Fruchtsirup. Zur »granita« gefroren, erfrischen sie noch heute. Zitronen- und Kaffeegranita gibt es fast das ganze Jahr, im Frühjahr beginnt dann der bunte Reigen mit Erdbeeren, Pfirsichen, Maulbeeren, Kaktusfeigen und Mandeln, alles Früchte, die sich zur Herstellung der kalten Köstlichkeit bestens eignen.

Womit wir auch schon beim Frühstück wären. Machen Sie es den Sizilianern nach: Im Sommer ist eine Mandelgranita oder »granita di caffè« mit einer Brioche durchaus eine vollwertige »piccola colazione«. Auch sonst wird sparsam gefrühstückt, ein »caffè« – damit ist hier im Süden immer der Espresso gemeint – und ein frisch gebackenes Hörnchen, das genügt. Hotels, in denen Norditaliener und Ausländer absteigen, türmen meist üppige Buffets auf, riskant, verdirbt man sich doch leicht den Hunger für das Mittagessen.

Appetitanregend und Auftakt für spätere Genüsse ist ein Gang über die Märkte. Die »mercati« von Catania, Caltagirone, Syrakus und Palermo überwältigen mit einer Fülle an Farben, Formen, Gerüchen und Geräuschen. Frische Fische, geschlachtete Lämmer, Käse, Würste, Berge frischen Obstes und Gemüse zu jeder Jahreszeit, hier sind sie die Zutaten der »cucina siciliana«. Vieles macht neugierig, das Schwert des »pesce spada« oder meterlange hellgrüne Zucchini oder Auberginen in allen Formen und Farben. Die sizilianische Küche wäre ohne die von den Arabern eingeführten »melanzane« um vieles ärmer. Verführerisch sind auch die vielen Garküchen unterwegs, Palermo gilt als eine der Hauptstädte des Straßenessens. Frisch gekochte

Tintenfische, auf der Vucciria lauthals feilgeboten, oder »pane ca' meusa«, im Kupferkessel gesottene Milz im frischen Sesambrötchen mit Zitronensaft beträufelt oder ein wenig Käse drauf, dann heißt es »maritato«. Vegetarier essen »panelle«, frittierte Kichererbsenfladen im Brot.

Ob Trattoria oder Ristorante, erst einmal kommen Antipasti auf den Tisch, und hier zeigt sich wieder das orientalische Erbe Siziliens: Vor allem Gemüse wird auf alle erdenklichen Arten zubereitet, ein Klassiker ist die »caponata«, ein lauwarm oder kalt servierter süß-saurer Gemüseeintopf. Als »primo« Pasta – aus Hartweizen gemacht, gehört sie seit jeher zu den Grundpfeilern der Küche. Dazu Saucen in allen Geschmacksvarianten, wie schon erwähnt »con le sarde«, oder zu Ehren des Komponisten Bellini das Nationalgericht »pasta alla Norma« mit frischen Tomaten und gegrillten Auberginen. Authentische Küche erkennt man daran, dass nicht norditalienischer Parmesan, sondern »ricotta salata« oder »ricotta affumicata« über die Nudeln gestreut wird. Statt Pasta wird in Westsizilien häufig auch »cuscusu« serviert, nichts anderes als nordafrikanischer Couscous, in Sizilien seit dem Mittelalter heimisch. Zum »secondo« Fisch oder Fleisch. Aus beiden lassen sich »involtini« bereiten, Schwertfisch- oder Kalbfleischröllchen am Spieß, dazwischen Lorbeer- oder Zitronenblätter und das Ganze gegrillt. Frischen Fisch gibt es fast überall an der Küste, im Landesinneren regiert das Schwein. Beilagen werden übrigens nicht automatisch mit serviert. Man kann sich einen kleinen »contorno« dazubestellen, meist ein Salat oder gegrilltes Gemüse. Auch beim »dolce« wieder ein Lob auf die Araber, sie brachten das Zuckerrohr nach Sizilien.

Bei der sizilianischen Küche macht schon die Vorbereitung Spaß – wie hier in der Trattoria del Forestiero.

Preisklassen

★★★★ über 50 €
★★★ bis 50 €
★★ bis 30 €
★ bis 15 €
(Menü à la carte, ohne Getränke)

Essdolmetscher

A

acciughe: Sardellen
aceto: Essig
acqua: Wasser
– *minerale:* Mineralwasser
– *naturale:* Leitungswasser
aglio: Knoblauch
agnello: Lamm
alla griglia: gegrillt
anguria: Wassermelone
antipasto: Vorspeise
arrosto: Braten
asparagi: Spargel

B

baccalà: Stockfisch
birra: Bier
bistecca: Steak, Schnitzel
bollito: gekocht
bottarga di tonno: Tunfischrogen
brodo: Fleischbrühe
bruschetta: geröstetes Brot mit Öl und Knoblauch

C

caffè (espresso): Espresso
– *latte:* Milchkaffee
– *macchiato:* Espresso mit einem Schuss Milch
calamari: Tintenfische
caponata: Auberginenscheiben mit Knoblauch und Zwiebeln gewürzt
capperi: Kapern
cappuccino: Kaffee mit aufgeschäumter Milch
capreto: Zicklein
carciofo: Artischocke
carne: Fleisch
cassata: Eis mit kandierten Früchten bzw. Ricottatorte mit Marzipan
ceci: Kichererbsen
cocomero: Wassermelone
coniglio: Kaninchen
contorni: Beilagen
cozze: Miesmuscheln
crostino: geröstetes Brot
crudo: roh

D

dentice: Zahnbrasse
dolce: süß, Süßspeise

F

fagiolini: grüne Bohnen
fico: Feige
finocchio: Fenchel
formaggio: Käse
fritto misto di pesce: verschiedene gebackene Fische und Meeresfrüchte
frutta: Obst
– *alla martorana:* Marzipansüßspeise
frutti di mare: Meeresfrüchte
funghi: Pilze
– *porcini:* Steinpilze
fusilli: spiralförmige Nudeln

G

gambero: Krebs
gelato: Eis
ghiaccio: Eiswürfel

I

insalata: Salat
involtini: Fleisch- oder Fischrouladen

L

latte: Milch
– *di mandorla:* Mandelmilch
lesso: gekocht
limone: Zitrone

M

maccheroni: dicke, hohle Nudeln
maiale: Schwein
mandarino: Mandarine
manzo: Rind
marsala: Dessert- oder Aperitifwein
mela: Apfel
melanzane: Auberginen
minestra: Suppe
minestrone: Gemüsesuppe mit Nudeln

O

olio: Öl
olive: Oliven
ostriche: Austern

P

pane: Brot
panino: Brötchen, belegtes Brot
pasta: Teig, Nudeln
pasta al brodo: Nudelsuppe
pastasciutta: Nudelgericht mit Soße
patate: Kartoffeln
pecorino: Schafskäse
pepe: Pfeffer
peperonata: Paprika-Tomaten-Gemüse
peperoncino: kleine Pfefferschote
pesca: Pfirsich
pesce: Fisch
– *spada:* Schwertfisch
piatto: Teller, Gang
– *del giorno:* Tagesgericht
pistacchi: Pistazien
polipo: Tintenfisch
pollo: Huhn
pomodoro: Tomate
pranzo: Mittagessen
prima colazione: Frühstück
prosciutto: Schinken
provolone: pikanter Käse

R

ravioli: gefüllte Teigtaschen
ricotta: quarkartiger Käse
riso: Reis
risotto: Reisgericht
– *alla marinara:* mit Meeresfrüchten
– *nero:* mit Tintenfischsoße

S

sale: Salz
salsa: Soße
salsiccia: Würstchen
sarago: Brasse
sarde: Sardinen
scampi: Krabben
semifreddo: Halbgefrorenes
seppia: Tintenfisch
sogliola: Seezunge
spaghetti: Spaghetti
– *aglio, olio e peperoncino:* mit Knoblauch, Peperoncini, Olivenöl und Pfefferschoten
spinaci: Spinat
stufato: gedünstet
sugo: Soße

T

tagliatelle: Bandnudeln
timballo: Nudelauflauf
tonno: Tunfisch
trippa: Kutteln

U

uovo: Ei
uva: Trauben

V

verdura: Gemüse
vino: Wein
vitello: Kalb
vongole: Venusmuscheln

Kultur und Genuss

Zur Zeit der Belle Époque gab die Unternehmerfamilie Florio in Palermo den guten Ton an. Ihre mit Jugendstilfresken geschmückte Villa Igiea dient heute als Luxushotel.

AGRIGENT UND DAS AGRIGENTINO

Die Landschaft des Agrigentino ist schwer zu fassen – vielleicht liegt das an den weichen Lehmhügeln und Gipsbergen, die sich glitzernd in Licht auflösen. Wo früher fast ausschließlich Hartweizen angebaut wurde, breiten sich heute Foliengewächshäuser aus, in denen Frühgemüse für die europäischen Märkte heranreift. Ganze Landstriche erwecken so den seltsamen Eindruck, als wären

ihre Hügel von Seen bedeckt. Um Agrigent herrschen Mandelbäume vor, die im Februar mit ihrer Blütenpracht das Frühjahr ankündigen.

Die Provinz Agrigent fordert zur selektiven Wahrnehmung heraus. Auf der einen Seite erin-

Der Concordia-Tempel, 480 v. Chr. nach dem Sieg über die Karthager errichtet, ist außergewöhnlich gut erhalten.

nern prachtvolle Tempelanlagen an eine Stadt, die Pindar noch »als die schönste (...) der Sterblichen« bezeichnen konnte, auf der anderen Seite breitet sich das moderne Agrigent wie ein Geschwür in der Landschaft aus. Palma di Montechiaro, bis 1812 noch im Feudalbesitz der Tomasi di Lampedusa (→ S. 36), besucht man am besten virtuell, indem man den »Leoparden« liest. Andere Orte wiederum, wie Caltabelotta (→ S. 57), gehören zu den eindrucksvollsten Siziliens.

Das Agrigentino ist auch eine literarische Provinz und hat Schriftsteller wie Luigi Pirandello (→ S. 37) oder Leonardo Sciascia hervorgebracht. Seine Geburtsstadt Racalmuto hat Sciascia ein schönes Denkmal gesetzt. Die lebensgroße Statue des Dichters »begleitet« die Menschen tagtäglich über den Corso. Zu spätem Ruhm kommt heute der 1925 in Porto Empedocle geborene Andrea Camilleri, dessen Romane in Vigàta spielen – »il centro più inventato della Sicilia più tipica« (das fiktivste Zentrum des typischsten Siziliens). Vigàta und Montelusa sind Fantasieorte, wer möchte, kann aber Porto Empedocle und Agrigent dahinter erkennen.

Agrigento/Agrigent ▩ E4

Den Ruhm von Agrigent machten früher wie heute die überwältigenden Tempel aus. Als jüngste der großen Griechenstädte auf Sizilien wurde Akragas um 580 v. Chr. von Gela aus gegründet. Die kluge Politik des Tyrannen Phalaris, von dem die Geschichte ein düsteres Bild malt, legte den Grundstein für den späteren Reichtum der Stadt. Seine Glanzzeit erlebte Akragas nach dem Sieg 480 v. Chr. über die Karthager bei Himera. Zu den bereits vorhandenen Tempeln wurden weitere hinzugefügt, die sich heute noch entlang eines Höhenrückens aufreihen und unübersehbar die Größe der Stadt verkünden. Empedokles, zu dessen Lebzeiten die prachtvollen Bauwerke entstanden sind, sagte über seine Mitbürger, »sie essen, als ob sie morgen sterben müssten, und bauen, als ob sie ewig leben würden«. Die Pracht hielt nicht ewig. Im Jahr 406 v. Chr. eroberten und zerstörten Karthager die Stadt. Akragas sollte nie mehr zu alter Macht und Größe aufsteigen. Im 9. Jahrhundert erhielt Gergent unter den Arabern etwas von seiner früheren Bedeutung zurück. Der Normanne Roger II. machte die Stadt zum Bistum, aber nach der Ausweisung der Araber durch Friedrich II. verfiel der Ort rasch wieder. Mussolini gab der Provinzhauptstadt wieder den Namen, den sie seit dem 3. Jahrhundert trug: Agrigento. Die Tempel von Agrigent gehören zu Recht zu den großen Touristenattraktionen Siziliens. Wenn möglich, sollte man sie früh am Morgen oder zu später Nachmittagsstunde besuchen. Oberhalb des Friedhofs liegt das kleine normannische Kirchlein San Biagio, ursprünglich ein Demeter-Tempel. Selten verirrt sich jemand bis auf diesen schönen Hügel, und man kann ungestört die Blicke und Gedanken über

Mandelhaine, Stadt, Tempel und das Meer schweifen lassen.

Vom Piazzale Aldo Moro führt die Via Atenea in die Altstadt von Agrigent. Dem arabischen Gassengewirr von Agrigents Altstadt bergauf folgend, entdeckt man das Kloster Santo Spirito, die kleine Kirche Santa Maria dei Greci und schließlich, an höchster Stelle, die Kathedrale.

Sehenswertes

Cattedrale

Am höchsten Punkt der Altstadt erhebt sich der Dom, der im 11. Jahrhundert möglicherweise auf den Resten des antiken Zeustempels errichtet wurde. Von der barocken Freitreppe genießt man einen weiten Blick ins Umland und auf die Bausünden des 20. Jahrhunderts. Im Inneren ist die bemalte Holzdecke aus dem 16. Jahrhundert besonders sehenswert.

Im Domarchiv wird ein auf der Welt wohl einmaliges Dokument aufbewahrt. Es soll sich um einen Brief des Teufels handeln, der an die Ordensschwester Maria Crocifissa gerichtet war. Leider hatte der Verfasser eine so unleserliche Handschrift, dass der Brief bis heute nicht entziffert werden konnte.
Piazza Don Minzoni

Santa Maria dei Greci
Von bescheidenen Wohnhäusern umgeben, liegt die kleine Kirche aus dem 13. Jahrhundert verborgen in der Altstadt. Das schöne Portal wurde im Stil der Chiaramonte-Gotik erbaut. Im Inneren sind einige mittelalterliche Fresken zu besichtigen. Errichtet wurde die Kirche über einem dorischen Tempel des 5. Jahrhunderts v. Chr., dessen Stufenunterbau und eine Säulenreihe man im angrenzenden Kellerraum noch erkennen kann. Der Kustode freut sich über eine kleine Spende.
Salita Santa Maria dei Greci

Valle dei Templi
Karte → S. 53
Tal der Tempel ist eine irreführende Bezeichnung, handelt es sich doch um einen Höhenzug, auf dem sich die großartigen dorischen Tempel aufreihen: Hera-, Concordia-, Herakles-, Zeus-, Dioskuren-, Hephaistos-Tempel und das Heiligtum der chtonischen Gottheiten Demeter und Persephone. Die Bezeichnungen sind in den meisten Fällen willkürlich, haben sich aber eingebürgert. Mit Ausnahme des älteren Herakles- und Hephaistos-Tempels wurden alle anderen im 5. Jahrhundert v. Chr., nach dem Sieg über die Karthager, errichtet, welcher der Stadt ungeheuren Reichtum und 25 000 Kriegssklaven einbrachte. Der so genannte Concordia-Tempel verdankt seinen außergewöhnlich guten Erhaltungszustand der Tatsache, dass er Anfang des 7. Jahrhunderts zur Kirche umgewandelt wurde. Er gilt als der besterhaltene dorische Tempel überhaupt und verkörpert beispielhaft die ausgewogene Harmonie der griechischen Klassik.

Von gigantischen Ausmaßen war der Siegestempel, der dem Olympischen Zeus geweiht war. Die karthagischen Eroberer haben 406 v. Chr. ein Trümmerfeld hinterlassen, doch die Rekonstruktion im Archäologischen Museum führt uns das einstige Aussehen des Bauwerks vor Augen. Abweichend vom Kanon des klassischen Tempelbaus wurden die Säulenzwischenräu-

MERIAN-Tipp

Santo Spirito *Auf schmalen Gassen und Treppen steigt man vom Corso zur Kirche Santo Spirito und dem gleichnamigen Zisterzienserkloster auf. Die gotische Kirchenfassade erinnert an die Stiftung durch die Familie der Chiaramonte, und im Inneren erfreuen die heiteren Stuckarbeiten des Giacomo Serpotta (→ S. 104). Aus dem stimmungsvollen Kreuzgang gelangt man in den Kapitelsaal, wo manchmal Kammerkonzerte stattfinden. Versäumen Sie es nicht, an die bescheidene Holztüre zu klopfen, die Sie vor dem Betreten des Kreuzgangs passieren. Es öffnen Ihnen die in Klausur lebenden Nonnen, die ihr köstliches Mandelgebäck, die »pasta di mandorla«, seit Jahrhunderten zum Kauf feilbieten.*

me vermauert, und hier standen riesenhafte Telamonen als Träger des Dachgebälks. Die Telamonen mit ihren barbarischen Gesichtszügen – damit waren die Karthager gemeint – trugen im übertragenen Sinn die Last des verlorenen Krieges. Für die Errichtung des Tempels waren übrigens die karthagischen Kriegssklaven eingesetzt worden. Der Telamon, der inmitten der Trümmer am Boden liegt, ist eine Kopie des Originals, das im Archäologischen Museum (→ s. u.) aufgestellt ist.
Via Panoramica dei Templi; tgl. 9 Uhr bis 1 Std. vor Sonnenuntergang; Eintritt 4 € (im Bereich zwischen Hera- und Herakles-Tempel freier Eintritt)

Museen

Museo Archeologico Regionale

Das moderne Archäologische Museum wurde in unmittelbarer Nachbarschaft zum Ekklesiasterion, dem antiken politischen Versammlungsort freier Bürger, errichtet. Neben einigen bronzezeitlichen Funden aus Sant' Ángelo Muxaro präsentiert das Museum eine herausragende Sammlung griechischer Vasen.

Zahlreiche Votivgaben lassen die große Bedeutung des Demeter-Kultes (→ S. 83) auch in Akragas erkennen. Im Untergeschoss finden sich Rekonstruktionen des Tempels des Olympischen Zeus (→ S. 54).

Die benachbarte Zisterzienserkirche aus dem 13. Jahrhundert strahlt die Würde eines Tempels aus. Im Inneren ist der

Bereits Goethe rühmte den Phädra-Sarkophag, ein Meisterwerk hellenistischer Bildhauerkunst.

Phädra-Sarkophag, ein römisches Meisterwerk des 2. Jahrhunderts, aufgestellt. Jenseits der Straße wurde ein Teil des hellenistisch-römischen Wohnviertels mit mosaikgeschmückten Häusern ausgegraben.
Contrada San Nicola; tgl. 9–13, Mi, Do, Fr und Sa auch von 15–17 Uhr; Eintritt 4 €; Bus 2

Hotels/andere Unterkünfte

Baglio della Luna
Sorgfältig restaurierter und mit dem Komfort eines ausgezeichneten Hotels versehener Gutshof, dessen Kern ein Wachturm aus dem 13. Jahrhundert bildet.
Contrada Maddalusa, 92100 Agrigent; Tel. 09 22 51 10 61, Fax 09 22 59 88 02; 24 Zimmer, 2 Suiten
★★★★ AmEx DINERS EURO VISA

Villa Athena
Ehemalige Adelsvilla in exklusiver Lage. Terrassen, Garten, Pool, Parkplatz.
Panoramica Templi 3, 92100 Agrigent; Tel. 09 22 59 62 88, Fax 09 22 40 21 80; 40 Zimmer
★★★★ AmEx DINERS EURO VISA

Essen und Trinken

Kokalos
Das rustikale Lokal liegt auf einem kleinen Hügel, auf dem Weg in das Villagio Mosè, das Hotelghetto von Agrigent. Von der Terrasse hat man einen schönen Blick auf die Tempel, das Essen ist gut, der Wein wächst direkt vor der Haustür.
Via Cavalieri Magazzeni; Tel. 09 22 60 64 27 ★★
AmEx DINERS EURO VISA

Allgemeine Information

Auskunft
AAPIT Agrigento
Viale della Vitteria 225; Tel. 09 22 40 13 52, Fax 0 92 22 51 85

Sciacca ■ D 3

Die hübsche und freundliche Stadt liegt am Fuße des Monte Kronio (Monte San Calogero) direkt über dem Meer. Der Berg wird von Karstgrotten durchzogen, die von der Jungsteinzeit bis in die Bronzezeit hinein bewohnt waren. Die Griechen des antiken Selinunt bauten die Stätte unter dem Namen Thermai Selinuntai zum Kurort aus.
Zu Fuß lässt sich die Altstadt am

MERIAN-Tipp

Eraclea Minoa *Zwischen Sciacca und Agrigent, hoch auf einem schneeweißen Kap oberhalb der Mündung des Plátani, liegt Eraclea Minoa mit Blick auf das tiefblaue Meer. Die Anfänge des antiken Heraklaia Minoa liegen im Dunkel des Mythos verborgen. Der kretische Herrscher Minos soll bei der Verfolgung des Daidalos hier sizilianischen Boden betreten und seinen Tod gefunden haben. Griechen aus Selinunt errichteten im 6. Jahrhundert v. Chr. die Stadt als Bollwerk gegen das neu gegründete Akragas, spartanische Kolonisten gaben ihr später den Beinamen des von ihnen verehrten Herakles. Seit 1907 finden Ausgrabungen statt, die unter anderem ein Theater ans Tageslicht gebracht haben (tgl. 9 Uhr bis 1 Std. vor Sonnenuntergang; Eintritt 2€). Der piniengesäumte Sandstrand, der sich am Fuße des Capo Bianco ausdehnt, gehört zu den schönsten Siziliens.*
■ D 4

besten erkunden. Sehenswert ist der Palazzo Steripinto, ein Adelspalais des frühen 16. Jahrhunderts. Die Piazza Scandaliato ist der schönste Aussichtsbalkon der Stadt. Sciacca hat einen großen Fischereihafen mit netten Lokalen. In Sciacca hat übrigens das Töpferhandwerk eine lange Tradition. Schöne Majoliken werden in zahlreichen Geschäften und Werkstätten angeboten.

Wenige Kilometer östlich der Stadt, an der Straße Richtung Agrigento, liegt der verzauberte Garten des Filippo Bentivegna. Bis zu seinem Tod 1967 hat »Filippo delli testi« tausende skurriler Köpfe aus Stein gehauen, die heute unter Oliven aufgestellt sind (Castello Incatato, tgl. 8–14 und 15.30–19 Uhr).

Ziel in der Umgebung

Caltabellotta ■ D 3

Von Sciacca aus führt eine kurvenreiche Panoramastraße in das 949 Meter hoch gelegene Caltabelotta. Dass Menschen die von Natur aus festungsartige Lage früh erkannt haben, bezeugen zahlreiche Felsengräber. Außer in Sant'Ángelo Muxaro wurde auch in Caltabellotta die Lage des sagenhaften Kamikos vermutet, einer Festung, die Daidalos für den Sikanerkönig Kokalos errichtet haben soll. 1302 wurde hier der Friede geschlossen, der den Vesperkrieg beendete. Oberhalb des mittelalterlichen Stadtviertels liegt die Chiesa Madre, die zur Zeit der Normannen gegründet wurde. Eine steile Treppe führt auf eine der Bergspitzen, zu den Resten der Burg hoch – die Aussicht ist grandios.

Einige der besten Fischlokale Sciaccas liegen direkt am Hafen.

CATANIA, DIE ZYKLOPENKÜSTE UND DER ETNA

Aus den Gipfelkratern des Etna entweichen ständig Dampfwolken, und manchmal schießen sogar Lavafontänen in die Luft.

Der Etna ist in den ihn umgebenden Städten ständig präsent, doch scheint die Gefahr von Erdbeben die Lebensfreude ihrer Bewohner nicht zu beeinträchtigen, im Gegenteil. In Catania oder Acireale explodiert das Leben förmlich. Kaum hat die Mikrochip-Industrie in Catania Fuß gefasst, ist schon der Begriff vom Etna-Valley in aller Munde.

Im Osten erreichen die Hänge des Etna das Ionische Meer, die Küste ist als Riviera dei Ciclopi bekannt. Den Namen verdankt sie den Felsen vor Aci Trezza, die der geblendete Polyphem vor Wut dem flüchtenden Odysseus hinterhergeschleudert haben soll. Sieben Orte teilen sich den Namen Aci, und auch hier hatte der Zyklop seine Hand im Spiel. Der Mythos erzählt von der Liebe zwischen dem Hirten Acis und der Nymphe Galatea. Aus Eifersucht begrub Polyphem Acis unter einem Felsen. Zeus erhörte die Klage der Nymphe und verwandelte Acis in einen Fluss. So konnte er doch das Meer erreichen und sich mit Galatea vereinen. Immer wieder hat der Etna Wasserläufe unter Lava begraben, so auch den Fluss an dem in der Antike die Stadt Akis lag. Bei einem Erdbeben 1169 wurde Aquilia zerstört, und die Überlebenden zogen fort. Den neuen Orten gaben sie jeweils den Beinamen Aci. Diese sollten sich im 17. Jahrhundert kolossal entwickeln. Der spanische Hof brauchte Geld, und der König entschloss sich, die Ländereien – verbunden mit der Vergabe neuer Adelstitel – zum Verkauf anzubieten. Je nach Kaufsumme wurden aus reichen Händlern Barone, Herzöge oder Prinzen. Der neue Adel setzte alles daran, sich in der Prachtentfaltung der neuen Besitztümer gegenseitig zu übertrumpfen; die notwendigen Mittel lieferte der zunehmende Anbau von Reben und der Weinhandel. Das größte der Aci behielt Philipp IV. für die Krone und nannte es Acireale.

Acireale ■ H 3

Die fröhliche Barockstadt liegt auf einer Lavaterrasse über dem Ionischen Meer. Herz der Stadt ist die Piazza Duomo. Dem Dom gegenüber reihen sich die besten Cafés der Stadt, berühmt für ihr gutes Eis. Der Palazzo Comunale aus dem Jahre 1659 zeigt, wie temperamentvoll der catanesische Barock auch vor der Erdbebenkatastrophe 1693 sein konnte. Die schönste der unzähligen Barockkirchen ist San Sebastiano an der Piazza Vigo. Auf einer Balustrade vor der Kirche bauen sich zehn Statuen zum Teatro sacro auf. Einen wunderbaren Ausblick auf das Meer und den Etna gewährt die Villa Belvedere am nördlichen Ende des Corso Umberto. Eine Marmorskulptur erzählt von Acis und Galatea.

1873 wurden in Acireale die bereits von den Römern genutzten Schwefelquellen neu gefasst. Die modernen Kureinrichtungen liegen am südlichen Ende der Stadt.

Ein schöner Spaziergang führt auf der Strada delle Chiazzette über Treppen zu dem kleinen Fischerort Santa Tecla hinab, wo man in den netten Lokalen ausgezeichnet Fisch essen kann.

Hotels/andere Unterkünfte

Aloha d'Oro
Das Hotel liegt direkt an der Landstraße, die küstenseitig um Acireale herum führt. Die Altstadt lässt sich zu Fuß in wenigen Minuten erreichen. Garten, Swimmingpool.
Via Alcide De Gasperi 10, 95024 Acireale; Tel. 095 60 43 44, Fax 095 60 69 84; 119 Zimmer
★★★ AmEx DINERS VISA

In der Villa Belvedere von Acireale beklagt die Nymphe Galatea den Tod ihres Geliebten Acis.

Catania ■ H 3

Stadtplan → S. 61
Die »schwarze« Stadt am Fuße des Etna ist eine der vitalsten Städte Siziliens. Mehrfach von Erdbeben oder Lava zerstört, wurde sie immer wieder aufgebaut. Im 17. Jahrhundert schlug das Schicksal jedoch besonders grausam zu. 1669 begruben Lavamassen einen Großteil des fruchtbaren Hinterlandes und füllten die tief eingeschnittene Hafenbucht auf, verschonten jedoch den Stadtkern. Das große Erdbeben im Jahre 1693 ließ keinen Stein auf dem anderen, zwei Drittel der Bevölkerung starben, und einzig das Castello Ursino blieb erhalten. Das Motto des Phönix im Wappen von Catania »Ich entstehe wieder neu, schöner als vorher« bewahrheitete sich bei dem schnellen und prachtvollen Wiederaufbau des 18. Jahrhunderts.

Die Neugestaltung des Stadtzentrums fand unter der Leitung von Giovanni Batista Vaccarini statt. Seine großzügige Architektur orientierte sich am römischen Barock, und der Elefantenbrunnen auf dem Domplatz ist eine kleine Verbeugung vor der Ewigen Stadt. Auf der Piazza Duomo kreuzen sich die Via Vittorio Emanuele und die breite Prachtstraße Via Etnea, die den Blick auf den Etna freigibt. Um den Platz versammeln sich der Dom, das Erzbischöfliche Palais, das Rathaus und ein Adelspalast. Verlässt man die Piazza Duomo durch die Porta Uzeda, gelangt man über die Via Dusmet zum Palazzo Biscari, dem prunkvollsten Privatpalast dieser Epoche. Vorbei am Amenano-Brunnen erreicht man rasch den Fischmarkt. Nicht nur Fische, sondern Lebensmittel aller Art werden hier lauthals angepriesen und machen den Marktbesuch zu einem Erlebnis. Catania ist bekannt für sein Speiseeis. An der Piazza Duomo oder zu Beginn der Via Etnea finden sich die besten Cafés. Wer aber Catania wirklich erleben möchte, muss am Abend wiederkommen. Dann nämlich verwandelt sich die Via Etnea in eine lange Fußgängerzone, und überall in den Nebenstraßen werden Tische ins Freie gestellt. Zahlreiche Pubs finden sich auch in der Nähe der Oper.

Sehenswertes

Duomo di Sant'Agata ■ bc 3
Dicht am damaligen Hafen errichteten die Normannen um 1097 über den Resten der römischen Thermen ihren ersten Dom in Sizilien als Wehrkirche. Bei einem Erdbeben im Jahr 1169 wurde er völlig zerstört, einzig die wuchtigen Apsiden blieben stehen.

Den wiederaufgebauten Dom ereilte 1693 das gleiche Schicksal. Die barocke Fassade aus der Mitte des 18. Jahrhunderts ist ein Entwurf Vaccarinis, unter dessen Leitung der gesamte Domplatz neu gestaltet wurde. Innen befindet sich rechts, am zweiten Pilaster, das Grab des Komponisten Vincenzo Bellini, Catanias wohl berühmtestem Bürger (→ S. 36). Das interessante Fresko in der Sakristei wurde von einem Augenzeugen des Etna-Aus-

bruchs 1669 gemalt. Es zeigt die bei der Eruption entstandenen Monti Rossi und den sich auf Catania zubewegenden Lavastrom, der von den trutzigen Mauern des Castello Ursino (→ S. 62) zum Meer hin abgelenkt wurde.
Piazza Duomo; tgl. 7.30–12 und 16–19 Uhr

Le Ciminiere
Industriegebäude des 19. und frühen 20. Jahrhunderts wurden aufwendig restauriert und dienen der Stadt inzwischen als neues Kultur- und Ausstellungszentrum. Wechselndes Programm mit Ausstellungen (Tel. 0 95 53 98 80, Fax 0 95 53 72 62).
Viale Africa

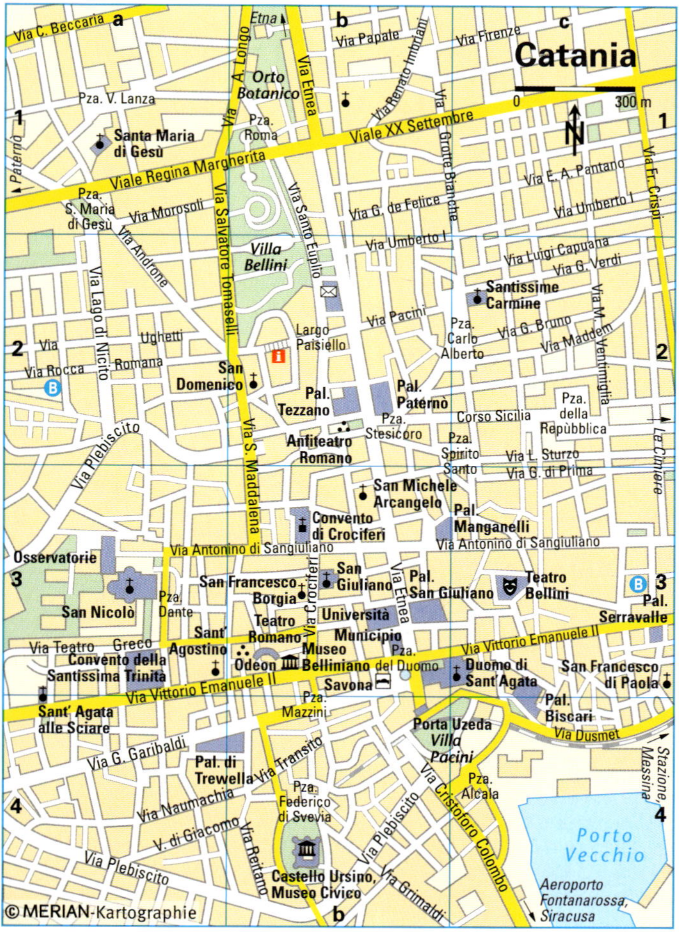

Monastero Benedettino und San Nicolò ■ a 3
Im 16. Jahrhundert begannen Benediktiner auf dem ehemaligen Akropolishügel mit dem Neubau ihres Klosters. Von der Lava 1669 wie auch bei dem Erdbeben 1693 beschädigt, wurden die Arbeiten in einem noch größeren Maßstab wieder aufgenommen. Obwohl weder Kloster noch Kirche fertig gestellt wurden, versetzt einen doch die schiere Größe der Anlage in Erstaunen. Eindrucksvoll ist die unvollendete Kirchenfassade, deren mächtige Säulen nichts als den Himmel tragen.

Durch ein Barockportal, links von der Kirche, gelangt man zum Kloster. Die aufwendigen Steinmetzarbeiten und überbordenden Fenstereinfassungen aus hellem Kalkstein erinnern an den Fassadenschmuck des Palazzo Biscari.
Piazza Dante; tgl. 8–13 Uhr

Teatro Bellini ■ c 3
Am 31. Mai 1890 wurde das Opernhaus mit der »Norma« von Bellini eröffnet. Das Musiktheater hat eine ausgezeichnete Akustik.
Piazza Bellini; Tel. 09 57 15 09 21, Fax 09 57 30 61 04

Teatro Romano ■ b 3
Das römische Theater liegt zwischen Wohnhäusern versteckt. Tritt man durch den unscheinbaren Hauseingang, überrascht die Größe des Theaters, das bis zu 7000 Zuschauer fasste.
Via Vittorio Emanuele 266; tgl. 9–12 und 15 Uhr bis 1 Std. vor Sonnenuntergang; Eintritt 2 €

Via Crociferi ■ b 3
Im Laufe des 18. Jahrhunderts errichteten zahlreiche Orden entlang der Via Crociferi ihre Klöster, und mit den barocken Kirchenfassaden versuchten sie sich gegenseitig an Reichtum zu überbieten. Herausragendes Beispiel dieser Prachtentfaltung ist die Kirche San Giuliano.

Museen

Museo Belliniano ■ b 3
Das Geburtshaus von Vincenzo Bellini (1801–1835), der mit seinen Opern »Norma«, »La Sonnambula« und »I Puritani« große Erfolge feierte, ist als Museum eingerichtet. Erinnerungsstücke aus seinem Leben, Instrumente und handschriftliche Kompositionen werden liebevoll präsentiert. Im selben Palast sind in einer 1995 eröffneten Ausstellung Drucke des in Catania geborenen Künstlers Emilio Greco zu sehen. Gleiche Öffnungszeiten, freier Eintritt.
Piazza San Francesco d'Assisi 3; tgl. 9–13.30, So und an Feiertagen 9–12.30 Uhr; Eintritt frei

Museo Civico del Castello Ursino ■ b 4
Auf einem felsigen Vorsprung, hoch über dem Meer ließ Friedrich II. 1239 die Festung als Zwingburg gegen das rebellische Catania und zur Kontrolle des Hafens errichten. Die Lava von 1669 erreichte das Kastell, füllte den Hafen auf und schob die Küstenlinie um mehrere hundert Meter vor. Mit seinem quadratischen Grundriss und den vier Ecktürmen erinnert die

Anlage an das Castello Maniace in Syrakus. Über dem Eingangsportal befindet sich in einer Nische die Skulptur des staufischen Adlers, der in seinen Fängen ein Lamm hält, vielleicht ein Verweis auf Friedrichs Beziehung zu Catania. In ihrem ursprünglichen Zustand präsentieren sich heute noch die eindrucksvollen Gewölbe im Untergeschoss. Im 15. Jahrhundert diente das Kastell dem aragonesischen Königshaus als Residenz.

Heute beherbergt das Castello Ursino das Städtische Museum, das aus der Zusammenlegung zweier Sammlungen entstanden ist, der des Fürsten Biscari und den Schätzen des Benediktinerklosters San Nicolò l'Arena.

Eine der reifsten Schöpfungen des Architekten Vaccarini ist die barocke Badia di Sant'Agata in der Nähe des Doms.

Piazza Federico di Svevia; Di–Sa 8.30–13, So und an Feiertagen 9–12.30 Uhr; Eintritt frei, ausgenommen Sonderausstellungen

Hotels/andere Unterkünfte

Savona ■ b 3
Einfaches Hotel direkt am Domplatz (wird derzeit renoviert).
Via Vittorio Emanuele 210, 95124 Catania; Tel. 0 95 32 69 82, Fax 09 57 15 81 69; 25 Zimmer ★★ (keine Kreditkarten)

Villa Trinità M ■ H 3
Mascalucia liegt auf der Straße von Catania Richtung Nicolosi, etwa 10 Kilometer vom Zentrum Catania entfernt. Marina und Salvatore Bonajuto haben das Gutshaus aus dem 17. Jahrhundert mit viel Liebe restauriert, in den Nebengebäuden gemütliche Apartments eingerichtet und einen wunderschönen Garten angelegt. Swimmingpool.

Via Trinità 34 – Mascalucia; Tel. und Fax 09 57 27 21 56; 11 Zimmer ★★ (keine Kreditkarten)

Essen und Trinken

Cantine del Cugno Mezzano M
■ c 3

Lokal mit schönem Innenhof in einem Nebengebäude des Palazzo Biscari. Junge Leute offerieren sizilianische Küche auf höchstem Niveau.
Via Museo Biscari 8; Tel. 09 57 15 87 10; Mo geschl., nur abends ★★★ AmEx DINERS EURO VISA

Nuova Trattoria del Forestiero »De Fiore« M
■ c 3

Traditionsreiches Familienlokal, das gerne auch von den Musikern und Sängern der Oper aufgesucht wird.
Via Coppola 24–26; Tel. 0 95 31 62 83; Zweite Augusthälfte geschl. ★★ AmEx VISA

Am Abend

Seit 1991 mit einem Dekret des Bürgermeisters die Abendöffnungszeiten freigegeben wurden, sind Restaurants, Bars und Pubs wie Pilze aus dem Boden geschossen. Alleine im Zentrum gibt es auf über 30 Musikbühnen jeden Abend Livemusik jeglicher Art. Catania gilt in der Szene als »Seattle« des Mittelmeerraums.

Allgemeine Informationen

Auskunft

AAPIT ■ b 2

Einmal pro Monat erscheint gratis der Veranstaltungskalender »lapis« mit Konzert- und Theatertipps, Kinoprogrammen und Restaurantadressen.
Via Cimarosa 10; Tel. 09 57 30 62 11, Fax 0 95 31 64 07; Internet: www.apt-catania.it

MERIAN-Tipp

Castello Maniace *Von Bronte oder Randazzo lässt sich die ehemalige Benediktinerabtei am Ufer des Torrente Saracena schnell erreichen. Mit dem Namen verbindet sich die Erinnerung an den byzantinischen General Maniakes, der an dieser Stelle im Jahre 1040, mit Normannen im Gefolge, einen Sieg über die Araber davongetragen hatte. Außer einer schönen normannischen Kirche sind ein Herrenhaus und der in englischem Stil angelegte Park zu besichtigen, in dem man einen geruhsamen Spaziergang unter Schatten spendenden Bäumen unternehmen kann. Als Dank für die Niederschlagung der französischen Republik in Neapel ernannte Ferdinand IV. den britischen Admiral Nelson zum Herzog von Bronte und schenkte ihm 1799 die ausgedehnten Ländereien um das Castello Maniace. Die letzten Erben verkauften das Anwesen an die Gemeinde Bronte, die es dem Publikum geöffnet hat (tgl. 9–13.30 und 15.30 Uhr bis Sonnenuntergang; Eintritt 2,5€).* ■ *G 3*

Etna/Ätna ■ GH 3

Der Etna, Europas mächtigster Feuerberg, entzündete zu allen Zeiten die Fantasie der Menschen. In der Antike vermutete man in seinem Inneren die Schmiede des Hephaistos, dem die einäugige Zyklopen zur Hand gingen. Seine Krater galten als das Tor zur Unterwelt, in die Hades die geraubte Persephone entführte. In der Odyssee wird aber auch die Fruchtbarkeit und der Wasserreichtum im Land der Zyklopen geschildert, die ohne zu säen oder zu pflügen Weizen und Weintrauben im Überfluss ernteten. Von der Fruchtbarkeit des Vulkans kann man sich auch heute noch bei einer Fahrt um den Etna überzeugen oder – und das ist sicher die appetitanregendste Variante – bei einem Besuch auf dem Markt von Catania.

Der Besuch des Etna ist nicht nur eines der größten, sondern auch das höchste Landschaftserlebnis, das Sizilien zu bieten hat. Mit annähernd 3350 Metern überragt der Etna die anderen Gipfel der Insel um mehr als 1400 Meter. Wie bei jedem aktiven Vulkan kann seine Höhe schwanken. Ausbrüche in den Jahren 1998/1999 haben zum Beispiel einen der Gipfelkrater deutlich emporwachsen lassen. Durch die heftigen Eruptionen – zeitweise war der Ort Nicolosi von den Lavaflüssen bedroht – geriet der Ätna im Sommer 2001 weltweit in die Schlagzeilen.

Der Etna ist eine Welt für sich – man hat ihn daher 1987 als Parco Regionale dell'Etna unter Naturschutz gestellt. Informationsmaterial und Auskünfte zu geführten Wanderungen erhalten Sie im Büro der Parkverwaltung (Via Etnea 107 – Nicolosi, Tel. 0 95 91 47 38). Auf dem Weg vom Meer zum Gipfel passiert man die unterschiedlichsten Vegetations- und Klimazonen. Von der Südseite führt die Etna-Höhenstraße bis in 1910 Meter Höhe. Seilbahn und Geländebusse bringen Besucher bis in Gipfelnähe, und unter Begleitung erfahrener Bergführer kann man sich den aktiven Kratern nähern (Auskunft: SITAS; Tel. 0 95 91 11 58; 35 €).

Das Bellini-Denkmal des in Catania geborenen Komponisten befindet sich auf der Piazza Stesichoro.

Den schönsten Blick auf den Dom und das Dächermeer der Altstadt von Cefalù genießt man vom Burgberg.

CEFALÙ UND DER NORDEN

Cefalù ist ein idealer Ausgangspunkt, um die Nordküste Siziliens, aber auch das Landesinnere zu erkunden. Im Süden von Cefalù erhebt sich der Gebirgszug der Madonien, der 1989 zum Naturpark erklärt wurde. Hier findet man die artenreichsten Wälder des Mittelmeerraumes, aber auch verkarstete Hochflächen, wo während des Sommers große Schafherden weiden. Hübsche Städtchen, die mit verborgenen Kunstschätzen und guter Küche locken, legen sich wie ein Kranz um das Gebirge.

Das Gebirge setzt sich nach Osten fort. In den waldreichen Nebrodi ist der jüngste Regionalpark Siziliens eingerichtet worden, eines der größten Naturschutzgebiete Europas. Zur Osterzeit sollte man auf keinen Fall versäumen, den kleinen Bergort San Fratello zu besuchen. Hier überdauert ein jahrhundertealter Brauch, die »festa dei giudei«, der so gar nicht zu dem frommen Ablauf der Karwoche passen will. Von Mittwoch bis Karfreitag haben die »giudei«, bunt maskierte Gestalten, absolute Narrenfreiheit. Trompete blasend und trommelnd ziehen sie durch den Ort, dabei immer auf Streiche aus. Etwas Vergleichbares kann man nur noch in Prizzi (→ MERIAN-Tipp S. 118) beim »ballo degli diavoli« erleben. Ein wenig bekanntes Kleinod ist das Städtchen San Marco d'Alúnzio (→ MERIAN-Tipp S. 76).

Von Cefalù erreicht man auf schöner Küstenstrecke in wenigen Stunden Milazzo, den Hafen, von dem aus man sich zu den Äolischen Inseln einschiffen kann. Santo Stéfano di Camastra und Tindári laden unterwegs zu einem Halt ein.

Cefalù ■ F2

Stadtplan → S. 69

Von weitem bereits ist Cefalù an seiner unverwechselbaren Silhouette zu erkennen, ein beliebtes Sujet der Vedutenmaler des 18. und 19. Jahrhunderts. Der mächtige Normannendom wacht über die kleine Stadt am Meer, seinerseits überragt von dem sich steil erhebenden Burgberg. Im Westen liegt die weite Sandbucht von Santa Lucia, wo der Club Méditerranée seine Hütten aufgeschlagen hat.

Der Ort hat seit ältester Zeit den Menschen angezogen: In Höhlen auf dem Berg wurden jungsteinzeitliche Funde gemacht, der so genannte Diana-Tempel stammt aus dem 9. Jahrhundert v. Chr. In der Stadt stoßen wir stellenweise auf die Reste der megalithischen Verteidigungsmauer Kephaloidions aus dem 5. Jahrhundert v. Chr. Roger II. ließ die bei den Eroberungskriegen seines Vaters zerstörte Stadt wieder aufbauen und stattete sie mit weit reichenden Handelsprivilegien aus. So stand der Bau der großen Kirche mit der Einrichtung des Bistums nicht nur im Zeichen der kirchlichen, sondern auch der wirtschaftlichen Neuorganisation Siziliens. Die baulichen Veränderungen späterer Epochen fügen sich nahtlos in das geschlossene mittelalterliche Stadtbild ein, selbst die moderne Fassade des Rathauses stört das Ensemble des Domplatzes nicht. Der am Corso gelegene Osterio Magno geht auf die Zeit Rogers II. zurück und diente später den Ventimiglia als Stadtpalast. Heute wird das Gebäude für Ausstellungen genutzt. Durch die Porta Marina, das letzte der ursprünglich vier mittelalterlichen Stadttore, sehen wir auf den kleinen Hafen und die Fischerhäuser, die auf der alten Verteidigungsmauer errichtet worden sind.

Sehenswertes

Duomo ■ c2

Der Dom von Cefalù zählt zu den herausragendsten Bauwerken des Mittelalters. Glaubt man der frommen Legende, so hat Roger II. die Kirche als Dank für seine wundersame Errettung aus der Seenot errichten lassen. Die tatsächlichen Gründe für den Bau waren eher weltlicher Natur. Am Pfingstsonntag 1131, ein Jahr nach der Krönung Rogers II. zum König von Sizilien, wurde der Grundstein zu der Kirche gelegt, die noch im gleichen Jahr den Rang einer Kathedrale erhielt. Roger II. beabsichtigte die Kirche als Grablege zu nutzen und ließ 1145 zwei Porphyr-Sarkophage im Querschiff aufstellen, die jedoch später von seinem Enkel Friedrich II. nach Palermo überführt wurden (→ S. 103). Auch wenn der Dom zu Rogers Lebzeiten nicht fertig gestellt wurde und er seine Bestimmung als Grablege nie erfüllte, so ist er doch ein beredtes Zeugnis für die Ambitionen und das Herrschaftsverständnis dieses Normannenkönigs. Die hier zum ersten Mal formulierten Ideen sollten in der Cappella Palatina in Palermo und im Dom von Monreale (→ KulTour S. 164) ihre Fortsetzung finden. Die beiden Zwillingstürme verleihen der Fassade einen machtvollen Auftritt, der Portikus wurde erst im 15. Jahrhundert hinzugefügt. Ein Blick auf die Apsiden lässt die Abweichungen erkennen, zu denen es während der langen Bauzeit gekommen war. Der Chor hat seine ursprünglich geplante Höhe nie erreicht.

Das Innere der dreischiffigen Basilika ist inzwischen von späterer barocker Ausstattung weitgehend befreit worden. Auf den zweiten Blick erst erschließt sich die bewusst angelegte Synthese so unterschiedlicher Kultur- und Kunsttraditionen wie der normannisch-lateinischen, der griechisch-byzantinischen und arabischen. Die antiken Säulen tragen arabische Spitzbögen, und die Holzdecke zeigt Reste eines arabisch-fatimidischen Gemäldezyklus, wie er sich in der Cappella Palatina (→ S. 99) in Palermo komplett erhalten hat. Lediglich der Chorraum wurde mit Mosaiken ausgestattet, doch diese gehören zu den großartigsten Kunstschöpfungen ihrer Gattung. In der Apsiskalotte (→ Glossar S. 186) thront der Pantokrator auf goldenem Grund (→ KulTour S. 164). In der Apsisrundung wird Maria, flankiert von vier Erzengeln und den zwölf Aposteln, dargestellt. An den beiden Seitenwänden stehen Märtyrerdiakone und lateinische Kirchenväter byzantinischen Kriegerheiligen und griechischen Kirchenvätern gegenüber.
Piazza Duomo; tgl. 8.30–12 und 15.30–18 Uhr

MERIAN-Tipp

Burgberg *Ein herrlicher Spaziergang führt auf den Burgberg. Über Treppen und an Bastionen vorbei gelangt man zum Diana-Tempel, dessen megalithisches Mauerwerk mit dem Muschelkalk des Berges errichtet wurde. Möglicherweise handelt es sich um ein altes Wasserheiligtum aus sikulischer Zeit. Nach wenigen Schritten erreichen wir eine Aussichtsterrasse mit einem atemberaubenden Panorama. Zu unseren Füßen liegen ausgebreitet der Dom und die Ziegeldächer der Altstadt. An klaren Tagen reicht der Blick über das Tyrrhenische Meer bis zu den Äolischen Inseln. Ein einladender Platz für ein Picknick! Die Lebensmittelgeschäfte im Ort sind übrigens bestens sortiert. Unermüdliche können die Wanderung fortsetzen und bis zur Spitze des Berges aufsteigen, den eine Burg aus dem 13. Jahrhundert krönt.*

■ *c 2-4*

Hotels/andere Unterkünfte

Kalura
Das frisch renovierte Hotel liegt 2 Kilometer östlich von Cefalù an einer schönen Bucht. Die freundlichen Zimmer haben alle einen Balkon mit Meerblick. Privatstrand und Parkmöglichkeiten.
Via Vincenzo Cavallaro 13, 90015 Cefalù, Loc. Caldura; Tel. 09 21 42 13 54, Fax 09 21 42 31 22; 65 Zimmer ★★★ AmEx DINERS EURO VISA

La Giara ▪ b 1
Das einzige Hotel, das mitten in der Altstadt von Cefalù liegt. Einfache, saubere Zimmer. Dachterrasse mit Blick auf den Dom und den Burgberg. Gutes Lokal. Wenige Parkplätze.
Via Veterani 40, 90015 Cefalù; Tel. 09 21 42 15 62, Fax 09 21 42 25 18; 21 Zimmer ★★ AmEx

Essen und Trinken

L'Antica Corte ■ b 1
Man isst in einem schönen Innenhof unter Weinranken. Große Auswahl an »antipasti« und »primi«, zum »secondo« kann man zwischen frischem Fisch und Fleisch wählen.
Cortile Pepe 7; Tel. 09 21 42 32 28; Do und im Nov. geschl. ★★
AmEx DINERS EURO VISA

La Brace ■ b 2
Eine Indonesierin und ein Holländer kochen sizilianisch und das ausgezeichnet.
Via XXV Novembre 10;
Tel. 0 92 12 35 70; Mo geschl. ★★★
AmEx DINERS EURO VISA

Allgemeine Informationen

Auskunft
AAST Cefalù ■ b 3
Corso Ruggero 77; Tel. 09 21 42 10 50, Fax 09 21 42 23 86; www.cefalu-tour.pa.it

Ziele in der Umgebung

Cáccamo ■ E 3

Den Chiaramonte, im 14. Jahrhundert eines der mächtigsten Geschlechter und Parteigänger der Franzosen, verdankt Sizilien einige seiner schönsten Burgen, wie jene von Mussomeli (→ MERIAN-Tipp S. 80) oder eben Cáccamo. Die strategisch günstige Lage veranlasste bereits die Punier, hier Stellung zu beziehen. Araber und Normannen folgten ihnen, und die Chiaramonte errichteten ihr großartiges Kastell auf den Strukturen ihrer Vorgänger. Nachdem Andrea Chiaramonte 1392 in Palermo vor dem Palazzo Steri, der Stadtresidenz der Familie, enthauptet wurde, fielen die Ländereien und damit auch Cáccamo an die spanischen Cabrera (Di–So 9.30–12.30 und 15.30–18.30 Uhr; Eintritt frei).

Cáccamo strahlt eine unverfälschte Atmosphäre aus, und die

MERIAN-Tipp

Museo Mandralisca *Das intime Museum enthält die private Sammlung des Barons Enrico Pirajno di Mandralisca (1809–1864), eines späten Universalgelehrten und aufgeklärten Politikers seiner Zeit. Wie in einer Wunderkammer finden sich Antiken, eine bedeutende Münzsammlung, ausgestopfte Vogelbälger, zahllose Schnecken und Muscheln, eine große Bibliothek und Bildersammlung vereint. Der rotfigurige Krater des 4. Jahrhunderts v. Chr. zeigt einen Tunfischverkäufer und ist eines der schönsten Beispiele humoristischer Vasenmalerei. Das »Bildnis eines Unbekannten« von Antonello da Messina, entstanden in den Jahren 1465 bis 1470, zeigt einen Mann, dessen geheimnisvolles Lächeln nicht weniger rätselhaft ist als das der Mona Lisa. Der Schriftsteller Leonardo Sciascia philosophierte über die Mehrdeutigkeit des Lächelns, und Vincenzo Consolo fühlte sich zu einem lesenswerten Roman inspiriert (Via Mandralisca 13; tgl. 9.30–12.30 und 15.30–18 Uhr; Eintritt 4€).* ■ *b2*

engen mittelalterlichen Gassen laden zu Entdeckungen ein. Neben dem im Kern aus der Normannenzeit stammenden Dom San Giorgio beherbergt der Ort noch mehr als 30 sehenswerte Kirchen, darunter etliche aus der Barockzeit. Ein einzigartiger Schatz ist der Majolikaboden aus dem 18. Jahrhundert in der Kirche San Benedetto alla Badia. Führungen im Kastell und in den zahlreichen Kirchen werden von der Associazione Culturale Jridos (Kiosk vor dem Kastell; Tel. 09 18 14 81 71) angeboten. Der nahe Monte San Calogero lädt zu schönen Wanderungen ein.

Castelbuono ■ F 3

Das freundliche Städtchen liegt in einer sanften Hügellandschaft, zu Füßen des Madonienmassivs. Die Bedeutung des Ortes wuchs, als Anfang des 14. Jahrhunderts die Ventimiglia ein Kastell errichteten und später die Hauptstadt ihres Feudalreiches hierher verlegten. Immer noch beherrscht das mittelalterlich-trutzige Gebäude vom höchsten Punkt die Stadt. In der Kirche San Francesco befindet sich das Mausoleum der mächtigen Familie, die Gouverneure, Admiräle und Vizekönige des Reiches stellte. Das Herz von Castelbuono ist die Piazza Margherita mit einem schönen Renaissancebrunnen und der Chiesa Matrice Vecchia. Jeden Abend wird die Piazza zum Salon des Ortes. Am 24. Juni wird hier das Fest von San Giovanni gefeiert. Dann werden auf allen Straßen über offenem Feuer Bohnen gekocht. Vom 25. bis zum 27. Juli finden Prozessionen zu Ehren der Patronin Sant'Anna statt.

Trutzig wacht die Burg der Chiaramonte über den Ort Cáccamo (→ S. 70).

Ein geheimnisvolles Lächeln umspielt den Mund des »Unbekannten« von Antonello da Messina (→ MERIAN-Tipp S. 70).

Sehenswertes

Castello Ventimiglia
Um einen Innenhof gruppieren sich Räume unterschiedlicher Epochen. Die Palastkapelle wurde im 17. Jahrhundert vom Stuckateur Giuseppe Serpotta, Bruder des berühmteren Giacomo, ausgeschmückt. Im Altar wird die Urne mit der Kopfreliquie der heiligen Anna, eine schöne Silberarbeit des 16. Jahrhunderts, aufbewahrt.
Piazza Castello; Di–So 9–12.30 und 16–19.30 Uhr; Eintritt 0,5 €

Chiesa Matrice Vecchia
Durch einen Renaissance-Portikus betritt man die Kirche, die im 14. Jahrhundert auf den Resten eines antiken Sonnenheiligtums errichtet wurde. Die mittelalterlichen Rundsäulen sind mit Fresken von Heiligen geschmückt. Der Flügelaltar in der Hauptapsis ist ein sizilianisches Meisterwerk des 16. Jahrhunderts. Der Raum der Krypta gehört zu dem ursprünglich heidnischen Tempel. Die Freskenausschmückung stammt aus dem 16. und 17. Jahrhundert und zeigt die Passion Christi.
Piazza Margherita; tgl. 9–12 und 16–19 Uhr; Krypta 0,5 €

Hotels/andere Unterkünfte

Cooperativa Obiettivo Madonita
Obiettivo Madonita vermittelt Privatunterkünfte in Castelbuono und Umgebung und bietet Führungen durch den Ort und in den Madonien an.
Contrada Scondito, 90013 Castelbuono; Tel. 09 21 67 29 94, 03 37 61 25 66; E-mail: obiettivo @madonie.com; Internet: www. madonie.com/obiettivo

Essen und Trinken

Romitaggio San Guglielmo M
In den Räumen der ehemaligen Abtei kann man stilvoll und ausgezeichnet essen.
Contrada San Guglielmo; Tel. 09 21 67 13 23; Mi und vom 15.6. bis 7.7. geschl. ★★★ (keine Kreditkarten)

Vecchio Palmento
In den Räumen einer alten Weinkelter, im Sommer aber auch im schönen Garten, kann man den rustikalen Genüssen madonitischer Küche frönen.
Via Failla 2; Tel. 0 92 17 20 99 ★★
(keine Kreditkarten)

Gangi ■ F 3

Der Ort liegt auf über 1000 Meter Höhe und gewährt herrliche Ausblicke auf die Madonien und Nebrodi. Gangi hat seine mittelalterliche Anlage bewahren können.

Die San Nicolò di Bari geweihte Chiesa Madre mit einem mächtigen Campanile aus dem 14. Jahrhundert beherrscht den Ort. In der Kirche ist eine Darstellung des Jüngsten Gerichts (1692) zu sehen, das Hauptwerk des lokalen Malers Giuseppe Salerno, auch Zoppo di Gangi genannt. Am ersten Augustsonntag wird ein Getreidefest gefeiert, das seine Ursprünge im antiken Demeter-Kult hat.

Hotels/andere Unterkünfte

Tenuta Gangivecchio MM
Die ehemalige Benediktinerabtei liegt wenige Kilometer südlich von Gangi, eingebettet in eine wunderschöne und friedliche Landschaft. Die Zimmer sind komfortabel eingerichtet, und die Küche der Familie Tornabene ist Legende. Übernachtung nur mit Halbpension.
Contrada Gangi Vecchio; Tel. und Fax 09 21 68 91 91; Internet: www.gangivecchio.it; 10 Zimmer ★★★
AmEx DINERS EURO VISA

Petralìa Soprana und Petralìa Sottana ■ F 3

Petralìa Soprana liegt auf 1147 Meter Höhe und ist damit der höchstgelegene Ort der Madonien. Seit der Bronzezeit besiedelt, haben alle Völker und Eroberer Siziliens hier ihre Spuren hinterlassen. Bis zum 19. Jahrhundert blieb Petralìa Soprana im Besitz aristokratischer Familien, die reich ausgestattete Kirchen und Paläste hinterließen. In der Chiesa Madre hängt das erste Fra'Umile di Petralìa (1580 bis 1639) zugeschriebene Holzkruzifix. Östlich der Piazza Duomo erhebt sich die Chiesa del Santissimo Salvatore. In arabischer Zeit eine Moschee und von Roger I. zur Kirche geweiht, wurde der Bau im 18. Jahrhundert erweitert, behielt jedoch den ursprünglich kreisförmigen Grundriss bei. An Stelle der Festung steht heute die Chiesa di Santa Maria di Loreto. Die Barockfassade wird von zwei Türmen flankiert, deren Spitzen mit bunter Majolika gedeckt sind. An der Kirche vorbei erreicht man das Belvedere, mit einem herrlichen Blick auf Gangi, die Gebirge Innersiziliens und den Etna.

Petralìa Sottana entstand mit Beginn der normannischen Herrschaft als selbstständiger Nachbarort des höher gelegenen Petralìa Soprana. Die Chiesa Madre dell'Immacolata Concezione, die eine Bauentwicklung von der katalanischen Gotik bis zur Renaissance aufweist, beherrscht von oben den Ort. Das Belvedere gewährt einen wunderschönen Blick auf die Stadt, das Himera-Tal und das Hauptmassiv der Madonien. Von den vielen Kirchen Petralìa Sottanas ist die Chiesa della Santissima Trinità herauszuheben. Die Altarwand aus Marmor, ein Renaissance-Meisterwerk, das bereits manieristische Einflüsse zeigt, wird dem Bildhauer Giandomenico Gagini (1543) zugeschrieben. 23 Szenen erzählen das Leben Christi, und reich verzierte Architekturelemente setzen den Rahmen. Ein sehenswertes Spektakel ist die Pantomime »Corteo Nuziale e Ballo Pantomima della Cordella« alljährlich im August. Auch das Fest der Madonna dell'Alto im September lohnt einen Besuch.

Hotels/andere Unterkünfte

Le Madonie M
Von jungen Leuten mit viel Engagement geführtes Haus, in dem man sich sofort wohl fühlt. Ausgezeichnetes Restaurant. Vom kleinen Balkon genießt man eine herrliche Aussicht auf die Berge. Parkmöglichkeit.
Corso Paolo Agliata 81; 90027 Petralìa Sottana; Tel. und Fax 09 21 64 11 06; 10 Zimmer ★★
AmEx DINERS VISA

Allgemeine Informationen

Auskunft
Parco Regionale delle Madonie
Corso Pietro Agliata 16, 90027 Petralìa Sottana; Tel. 09 21 68 02 01, Fax 09 21 68 04 78

Santo Stéfano di Camastra ■ F2

Die SS 133 führt mitten durch die Stadt, und die Straße ist gesäumt von den Auslagen zahlreicher Keramikwerkstätten. Neben Caltagirone ist Santo Stefano das bedeutendste Keramikzentrum Siziliens. Traditionelle Keramik sowie die Arbeit zeitgenössischer Künstler wird im Museo della Ceramica ausgestellt.

Hotels/andere Unterkünfte

Borgo degli Olivi
Von der SS 113 in Castel di Tusa auf die Straße Richtung Tusa abzweigen. Restauriertes Gutshaus aus dem 16. Jahrhundert inmitten von Olivenhainen. In der Nähe befinden sich die zeitgenössischen Skulpturen der Fiumara d'Arte (→ S. 75).
Contrada Aielli , 98079 Tusa; Tel. 0 90 71 24 30, Fax 0 90 71 90 81; 5 Zimmer ★★

L'Atelier sul Mare M
Dieses Hotel fällt aus dem üblichen Rahmen. Einige der Zimmer sind von Künstlern gestaltet worden. Der Gast kommt hier in unmittelbaren Kontakt mit zeitgenössischer Kunst (→ S. 75). Das Hotel liegt an einer schönen Kiesbucht. Wenige Schritte entfernt findet sich das Lokal Le Lampare (Tel. 09 21 33 47 86; Di und Nov.–März geschl.).
Via Cesare Batisti, 98079 Castel di Tusa; Tel. 09 21 33 42 95, Fax 09 21 33 42 83; Internet: www.ateliersulmare.com; 44 Zimmer ★★★★ AmEx EURO VISA

THEMA: Kunst im Fluss – Fiumara d'Arte

Antonio Presti, Bauunternehmer, Spinner, Künstler, Hotelier, Visionär, Mäzen – viele Attribute hat man ihm zugedacht, aber keines mag ihm entsprechen. Eines ist sicher: Presti ist Sizilianer und die Unruhe in Person. Woher er kommt, ob aus dem griechischen Halasea oder dem normannischen Tusa, oder ob gar ein türkischer Seeräuber im Hafen von Castel di Tusa mitspielte, lässt sich nicht leicht beantworten. Und wohin er geht, weiß er selbst nicht genau.

Bereits die alten Griechen überzogen die Insel mit Großprojekten. Und mit dem gleichen Hang zur Megalomanie und mit an Verrücktheit grenzender Hartnäckigkeit ließ Presti gigantische Plastiken rund um das Tusa-Tal errichten. Für das Werk mit dem antagonistischen Titel »Da hätte auch nichts sein können« des bedeutenden italienischen Künstlers Consagra wurden Zigtonnen Beton zur 18 Meter hohen Monumentalskulptur gegossen. Als Sohn eines Bauunternehmers ist Beton Prestis Metier. Und so kämpft er mit der »sozialen Plastik« im Kopf gegen Betonköpfe. »Es kommt nur darauf an, was man daraus macht.«

Prestis Konzept der Fiumara d'Arte entzieht sich nicht nur der Übersetzbarkeit, sondern auch der Einordnung in die gängigen Schubladen. Die Skulpturen wurden ohne Baugenehmigung errichtet, wie übrigens auch die meisten Häuser Süditaliens. Nur flossen diesmal keine Schmiergelder, und so ist es nicht verwunderlich, dass die Behörden damit ihre Probleme hatten. Presti sollte ins Gefängnis und die Kunstwerke abgerissen werden. Eine bessere Werbung für seine Sache hätte er sich nicht wünschen können. Er ging einen Schritt weiter und baute L'Atelier sul Mare, ein Hotel am Meer. Lassen Sie sich von diesem Werk überraschen (→ S. 74)!

Antonio Presti, das Enfant terrible der sizilianischen Kunstszene, erweist sich als gastfreundlicher Hotelier.

Tindári ■ H2

Von einem 280 Meter hohen Kalkfelsen überblickt Tindári die tyrrhenische Küste vom Golfo di Patti bis zum Capo Milazzo. Im Rücken bauen sich die Peloritani, Nebrodi und der Etna zur Kulisse auf. Auf diesem Vorgebirge gründete der syrakusanische Tyrann Dionysios I. 396 v. Chr. die Stadt Tyndaris. Ihre Blütezeit erlebte die Stadt während der römischen Epoche. Zur byzantinischen Zeit bestand hier nur mehr ein kleines Dorf. Etwa hundert Jahre zuvor, in der Zeit des byzantinischen Bilderstreits, hatte ein Schiff im Hafen von Tyndaris Zuflucht vor dem Sturm gesucht. Nachdem sich das Unwetter gelegt hatte, so erzählt die Legende, gelang es der Mannschaft erst weiterzusegeln, nachdem ein Bildnis der Muttergottes an Land zurückgelassen worden war. Auf diese Art tat die Madonna ihren Willen kund, künftig in Tindári bleiben zu wollen. Alljährlich am 8. September pilgern tausende zu der Madonna Nera di Tindári. Die byzantinische Statue, vom Alter schwarz geworden, befindet sich heute in der neoromanischen Basilika.

Sehenswertes

Scavi di Tindari e Teatro Greco
Tyndaris wurde bereits von den Griechen mit einem regelmäßigen Straßennetz angelegt, das die Römer später übernahmen. Zwischen dem oberen und dem mittleren Decumanus (Hauptstraße) wurde eine komplette Insula, ein von Straßen eingeschlossener Häuserblock aus römischer Zeit, freigelegt. Reste einer öffentlichen Therme, zwei Wohngebäude und eine Ladenzeile sind zu erkennen.
Tgl. 9 Uhr bis 2 Std. vor Sonnenuntergang; Eintritt 4 €

MERIAN-Tipp

San Marco d'Alúnzio *Der Legende nach von Überlebenden aus Troja gegründet, nimmt San Marco d'Alúnzio die Spitze des Monte Rotondo ein. Fährt man von der Küstenstraße die zahlreichen Serpentinen hoch, trifft man am Ortseingang auf den antiken Herkules-Tempel, der später zur Kirche umgebaut wurde. Im Jahr 1061 gelang es Roger I., die Stadt einzunehmen. Zeitweilig hielt sich hier der normannische Hofstaat auf. In byzantinischer Zeit gab es eine große Anzahl Klöster in der Stadt, und einige der mit Fresken ausgemalten Kirchen können heute noch besichtigt werden. Vom Tempio d'Ercole kann man zu Fuß durch die Porta di Sant'Antonio in die Altstadt aufsteigen. Neben der byzantinischen Kreuzkuppelkirche San Teodoro wurde in den Räumlichkeiten des ehemaligen Benediktinerklosters ein Museum byzantinisch-normannischer Kunst eingerichtet. Besonders sehenswert ist die Kapelle mit den Fresken der griechischen Kirchenväter (Di–So 9.30–12.30 und 15.30–18.30 Uhr, Eintritt 1,5 €).* ■ *G2*

ENNA UND DAS LANDESINNERE

Ein besonderes Detail der Provinz Enna: die römischen Bodenmosaike mit den Bikinimädchen in Piazza Armerina (→ S. 85, 154).

Hätte man nur ein Wort, das Innere Siziliens zu beschreiben, wäre es Weizen. Endlos ziehen sich die Getreidefelder über die sanften Hügel. Im Frühjahr leuchtend grün und bald durchsetzt vom roten Mohn, reift der Weizen im Frühsommer zu einem satten Gold heran. Landschaftsbilder, die sich seit der Antike kaum verändert haben, als die Griechen hier noch die Erdmutter Demeter und ihre Tochter Persephone heilig hielten (→ S. 83). Zu der Zeit, als Sizilien die Kornkammer Roms war, wurden die Göttinen als Ceres und Proserpina weiter verehrt. Die herrschaftliche Villa del Casale (→ KulTour S. 168), in der Nähe von Piazza Armerina gelegen, erlaubt uns einen faszinierenden Blick zurück in diese Epoche. Während sich im Tal Getreidefelder ausdehnen, liegen die Städte hoch oben auf schwer zugänglichen Hügelkuppen. Agira, Calascibetta, Centuripe, Enna oder Troina gehen auf sikulische Gründungen zurück und zählen damit zu den ältesten Städten Italiens.

Das verheerende Erdbeben von 1693 hat diese Städte zum größten Teil verschont, so dass sich zahlreiche Spuren des Mittelalters erhalten haben. Die Burgen, häufig von Normannen errichtet und zur Zeit der Staufer weiter ausgebaut, waren Schauplatz der heftigen Auseinandersetzungen, die der sizilianischen Vesper folgten.

Geologisch wird das Landesinnere Siziliens als »altopiano zolfifero« beschrieben. In hunderten von Minen wurden während des 19. Jahrhunderts die reichen Schwefelvorkommen ausgebeutet (→ MERIAN-Tipp S. 86). Sizilien lieferte zeitweilig bis zu 90 Prozent des Weltschwefelbedarfs. Das Land und die Menschen wurden rücksichtslos ausgeblutet. Der Literaturnobelpreisträger Luigi Pirandello, dessen Familie eine Schwefelmine besaß, beschreibt die menschenunwürdigen Arbeitsbedingungen, denen häufig auch Kinder ausgesetzt waren.

Caltagirone ■ G4

Die Araber nannten die Stadt Qal' at al Ghîrân, »Berg der Vasen«. Bereits die Sikuler und Griechen wussten die reichen Tonvorkommen im Norden der Stadt zu nutzen, die Araber brachten aus dem Orient neue Glasurtechniken mit.

Die höchste Blüte erlebte die Keramikkunst von Caltagirone während des 18. Jahrhunderts, als zahlreiche Paläste und Kirchen in ganz Sizilien mit den wunderschönen Majoliken ausgelegt wurden. Durch die Industrialisierung drohte das Handwerk unterzugehen. Dem Einsatz des Bürgermeisters Don Luigi Sturzo, der 1918 eine Lehranstalt für Keramik gründen ließ, ist es zu verdanken, dass in Caltagirone heute noch dutzende florierender Keramikwerkstätten existieren. Don Luigi Sturzo war auch Gründer der sozial engagierten katholischen Volkspartei, aus der später die unrühmliche Democrazia Cristiana hervorging.

Caltagirone wurde bei dem Erdbeben 1693 fast völlig zerstört. An dem Wiederaufbau beteiligten sich bedeutende Barockarchitekten wie Rosario Gagliardi, der die Kirchen Santa Chiara und San Giuseppe plante. Die majolikaverzierte Scala, eine Treppe, die mit 142 Stufen von der Piazza Municipio zur Kirche Santa Maria del Monte aufsteigt, ist das Wahrzeichen Caltagirones. Am 25. und 26. Juli, zum Fest des Stadtpatrons San Giacomo, wird die Treppe bei Dunkelheit von brennenden Lichtern erleuchtet.

Museum

Museo della Ceramica
Das nach Faenza bedeutendste Keramikmuseum Italiens beherbergt mehr als 1000 Ausstellungsstücke. Die Entwicklung der sizilianischen Keramik wird von der Frühgeschichte bis zum Ende des 19. Jahrhunderts beinahe lückenlos dargestellt. Berühmt ist ein rotfiguriger Krater aus dem 5. Jahrhundert v. Chr., der die Arbeit in einer Keramikwerkstatt zeigt.
Via Roma; Giardino Pubblico; tgl. 9–18.30 Uhr; Eintritt 4 €

Caltanissetta ■ F 3-4

Die beschauliche Provinzhauptstadt, 25 Kilometer südwestlich von Enna gelegen, hat durch den Zusammenbruch des sizilianischen Schwefelbergbaus an Bedeutung verloren. Das Gericht von Caltanissetta ist heute Schauplatz wichtiger Mafiaprozesse. Caltanissetta birgt zwar nicht viele kunsthistorische Schätze, trotzdem lohnt ein kurzer Halt. An der Piazza Garibaldi treffen die wichtigsten Straßen des Ortes zusammen, und hier steht auch die dem Erzengel Michael geweihte Kathedrale.

In dem Gassengewirr zwischen dem Corso Umberto I. und dem Corso Vittorio Emanuele findet an Wochentagen ein Markt statt. Von weitem bereits hört man die Marktschreier die Waren ausrufen.

Eine Straße führt bis auf den Gipfel des Monte San Giuliano hinauf, auf dem eine überlebensgroße Christusstatue steht und einen schönen Blick auf die Stadt und das Umland gewährt. Ein Kleinod liegt am östlichen Fuß des Berges. Die normannische Kirche Santo Spirito wurde im 11. Jahrhundert, nach dem Sieg über die Araber, von Roger I. und seiner Frau Adelasia gestiftet.

In der Karwoche steht Caltanissetta ganz im Zeichen der Osterprozessionen. Am beeindruckendsten ist zweifellos am Gründonnerstag die »processione delle Vare« mit 15 überlebensgroßen Skulpturengruppen, die den Leidensweg Christi darstellen. Ein grandioses Feuerwerk beschließt das Fest.

Hotels/andere Unterkünfte

San Michele
In der nördlichen Peripherie der Stadt liegt dieser moderne Bau mit geräumigen Zimmern und gutem Restaurant. Swimmingpool und Parkmöglichkeiten.
Via Fasci Siciliani, 93100 Caltanissetta; Tel. 09 34 55 37 50, Fax 09 34 59 87 91; 136 Zimmer ★★★★
AmEx DINERS VISA MASTER

Essen und Trinken

Cortese
Das Lokal liegt etwa zwei Kilometer westlich der Altstadt. Solide Küche, die sowohl Fisch wie Fleisch serviert. Der über die Grenzen Siziliens hinaus bekannte Digestif Amaro Averna wird in Caltanissetta hergestellt.
Viale Sicilia 116; Tel. 09 34 59 16 86; Mo und 14 Tage im Aug. geschl.
★★★ VISA

Ziel in der Umgebung

Gela ■ F4

Den großen Tragödiendichter Aischylos ereilte 456 v. Chr. in Gela ein überraschender Tod. Ein Adler ließ vom Himmel eine Schildkröte fallen, um ihren Panzer zu knacken, und traf dabei des Dichters blankes Haupt, das er mit einem Felsen verwechselt hatte …

Das alte Gela, eine der mächtigsten Griechenstädte Siziliens, war längst vom Dünensand überweht, als Friedrich II. an der selben Stelle seine Stadt Terranova gründete. Das heutige Gela ist ein Musterbeispiel korrupter Baupolitik und fehlgeleiteter Industrieentwicklung. Die Entdeckung der ergiebigen Erdölfelder vor der Küste im Jahre 1956 hat zu einem wahren Boom geführt. Nähert man sich der Stadt, hat man eine Endzeitvision vor Augen, die gereizt von den Abgasen der petrochemischen Industrie zu tränen beginnen. Als Retter in der Not wird das Enfant terrible Antonio Presti (→ S. 75) gerufen, der mit Kunst und Kultur die Stadt retten soll. Am westlichen Stadtrand liegt im Bereich der ehemaligen Akropolis das sehenswerte Archäologische Museum. Westlich der Stadt befindet sich eine zweite archäologische Zone am Capo Soprano. Hier ist ein langes Stück der antiken Stadtmauer aus dem 4. Jahrhundert v. Chr. zu sehen, ein eindrucksvolles Beispiel griechischer Militärarchitektur (tgl. 9 Uhr bis 1 Std. vor Sonnenuntergang).

Museum

Museo Archeologico Regionale
Eine umfangreiche Münzsammlung, rotfigurige Vasen und zahlreiche Terrakotta-Figuren sind zu bewundern. Prunkstück der Sammlung ist der Kopf eines Pferdes aus Keramik.
Corso Vittorio Emanuele 1;
tgl. 9–13 und 15–18 Uhr; Eintritt 4 €

MERIAN-Tipp

Mussomeli *Das schönste Kastell Siziliens liegt nur wenige Kilometer außerhalb des Städtchens Mussomeli. Seine Mauern scheinen aus dem steilen Kalkfelsen herauszuwachsen. Manfred III. von Chiaramonte ließ das Kastell Mitte des 14. Jahrhunderts auf den Resten einer älteren Festung errichten. Im Inneren durchstreift man prachtvolle gotische Hallen, und elegante Fenster gewähren Blicke in die Landschaft (tgl. 9.30–12.30 und 15.30–18.30 Uhr; Eintritt 2,5 €). Auch das hübsche Städtchen ist einen Besuch wert. 1976 verstarb hier als freier Mann Don Genco Russo, ein »Beispiel an Redlichkeit« und einer der großen Mafiabosse der Nachkriegszeit.* ■ *G3*

Enna ■ F 3

Auf einem frei stehenden Bergplateau, in beinahe 1000 Metern Höhe, schwebt Enna häufig in Nebel gehüllt über den Hügeln Innersiziliens. Die wehrhafte Stadt liegt im geografischen Mittelpunkt der Insel, was ihr in der Antike den Beinamen »Nabel Siziliens« eingetragen hat. Das alte sikulische Zentrum geriet später unter griechischen Einfluss, wurde von den Puniern erobert und 258 v. Chr. von den Römern befreit. Als Castrum Hennae kontrollierte die Stadt das rational angelegte Straßensystem und die großen, von Sklavenheeren bewirtschafteten Weizenlatifundien Innersiziliens. Zwei Generationen vor Spartacus wurde Sizilien zum Schauplatz des ersten Sklavenkrieges. Unter Anführung des charismatischen Eunus gelang es den Sklaven, jahrelang den römischen Legionen Widerstand zu bieten. Erst 132 v. Chr. fiel Henna, die Hauptstadt ihres improvisierten Reiches, durch Verrat. Eine Bronzestatue am Fuße des Castello di Lombardia erinnert an Eunus.

Die Byzantiner bauten Enna zu einer starken Festung aus, und in arabischer Zeit war Qasr Yânnah Sitz eines Emirs. Unter der Herrschaft der Normannen lautete der Name der Stadt Castrogiovanni. Mussolini, der Enna 1926 zur Provinzhauptstadt erhob, der höchst gelegenen Italiens, gab ihr den antiken Namen zurück.

Die Via Roma zieht sich durch die Altstadt. An ihrem unteren Ende liegt ein kleiner Stadtpark mit einem wunderschönen Belvedere und der Kopie von Berninis »Raub der Proserpina«. Am Dom vorbei steigt der Corso zum überdimensionalen Castello di Lombardia auf.

Am eindrucksvollsten ist der Besuch Ennas während der Osterzeit. Höhepunkt der Karwoche ist die Karfreitagsprozession. Mehr als 2000 kapuzengewandete Mitglieder der 15 verschiedenen Konfraternitäten begleiten in völliger Stille den toten Christus durch die Straßen. Das Fest der Stadtpatronin Maria SS. della Visitazione, ein Erntedankfest, das den alten Demeter-Kult fortleben lässt, feiert die Stadt im Juli. Am 2. Juli wird die Statue der Maria, geschmückt mit der Krone aus dem Museo Alessi, vom Dom in die Chiesa di Montesalvo getragen. Von dort kehrt sie am zweiten Sonntag nach dem 2. Juli in den Dom zurück.

Sehenswertes

Castello di Lombardia
Die Burg, die größte und eine der besterhaltenen mittelalterlichen Anlagen Siziliens, nimmt den östlichen Teil des Bergplateaus ein. Die steilen Felswände setzen sich im trutzigen Mauerwerk fort. Von den ursprünglich 20 Türmen stehen heute nur noch sechs.

Lombarden, die sich im Gefolge der Normannen in Enna niederließen, gaben der Burg ihren Namen. Der Staufer Friedrich II. hielt sich hier auf, und Friedrich III. von Aragón baute sie zu seiner Residenz aus. Aus

dem dritten Innenhof gelangt man auf die Torre Pisana, den höchsten der Türme. Der Ausblick an klaren Tagen ist einzigartig und umfasst Enna, den Nachbarort Calascibetta, die Madonien und Nebrodi, die majestätische Gestalt des Etna und im Süden den kreisrunden Lago di Pergusa. Der Überlieferung nach entführte Hades vom Ufer dieses Sees Persephone (→ S. 83).
Am Ende der Via Lombarda; tgl. 9–13 und 15-17 Uhr; Eintritt frei

Duomo
Im Jahre 1307 von Eleonora von Aragon, der Gemahlin Friedrichs III., gestiftet, musste der Dom nach einem Brand 150 Jahre später wieder aufgebaut werden. Vom ursprünglichen Bau haben sich die Apsiden im Stil katalanischer Gotik erhalten, deren Kreuzgratgewölbe im Inneren von barockem Stuckwerk überzogen sind. Der Campanile (→ S. 186) wurde in die strenge frühbarocke Fassade mit einbezogen. Eine gestalterische Idee, die nach dem Erdbeben 1693 von den barocken Baumeistern im Südosten Siziliens wieder aufgegriffen wurde. Im Dom begegnet uns ein reiches Potpourri der Renaissance und des Barock. Ein verborgenes Schmuckstück ist der geschnitzte Sakristeischrank, der von Grotesken eingerahmte Szenen aus dem Leben Jesu zeigt. Die lokale Tradition sieht im schmiedeeisernen Gitter der Taufkapelle eine Haremspforte aus dem Schloss des arabischen Emirs. Der marmorne Fuß des Weihwasserbeckens ist antik. Erkennbar ist hier eine Getreidegarbe, das Emblem der Göttin Demeter.
Piazza Duomo; tgl. 9–13 und 16–19 Uhr

Rocca di Cerere
Östlich des Castello di Lombardia liegt die Rocca di Cerere. Kein Stein erinnert mehr an das Hauptheiligtum der Göttin Demeter (→ S. 83), das noch in Ciceros »Reden gegen Verres« beschrieben wird. Geblieben ist die unvergleichliche Aussicht auf den Etna.

Torre di Federico
Im westlichen Teil der Stadt erhebt sich auf einer kleinen Anhöhe der achteckige Turm, der von einem öffentlichen Garten umgeben ist. Das Bauwerk wurde im 13. Jahrhundert auf Geheiß Friedrich II. errichtet und erinnert in seiner reinen geometrischen Form an das berühmte Castel del Monte in Apulien. Eine faszinierende Theorie sieht den Turm als Mittelpunkt eines geodätischen Vermessungsnetzes, das Sizilien durchzogen haben soll. Zur Zeit Friedrich III. von Aragón wurden geringfügige bauliche Veränderungen vorgenommen.

Museum

Museo Alessi
Das Museum beherbergt eine umfangreiche Münzsammlung und den Domschatz, darunter die Krone der Maria SS. della Visitazione aus dem 17. Jahrhundert.
Via Roma 326; Di–So 9–13 und 16–19 Uhr; Eintritt 1,5 €

THEMA: Das Land der Demeter

Der Mythos erzählt von der Entführung der Persephone. Auf der Suche nach ihrer Tochter durchstreifte Demeter die Welt und ließ den Boden verdorren. Als das Getreide nicht mehr keimen wollte, die Menschen zu verhungern drohten und auch die Götter keine Opfer mehr erhielten, verriet Zeus Demeter den Aufenthaltsort von Persephone. Hades hatte sie in die Unterwelt entführt und zu seiner Frau gemacht. Dem Versprechen, Persephone dürfe wieder zu ihrer Mutter zurückkehren, stand die Tatsache gegenüber, dass sie in der Zwischenzeit von dem Granatapfel gegessen hatte, der den Verbleib in der Unterwelt besiegelte. Es musste also ein Kompromiss gefunden werden. Einen Teil des Jahres verbrachte Persephone bei ihrer Mutter. In dieser Zeit kleidete Demeter die Erde in ihr schönstes Blütengewand, ließ das Getreide keimen und reifen. Nach der Ernte jedoch musste Persephone zu ihrem Gemahl in die Unterwelt zurückkehren. Mit diesem Mythos beschrieben die Griechen das ewige Mysterium des Lebens und des Todes, die Wiederkehr der Jahreszeiten und das Geheimnis der Fruchtbarkeit.

Als die Griechen in Sizilien siedelten, trafen sie auf die verwandten Erdfruchtbarkeitskulte der Sikuler und Sikaner, die sie mit ihren eigenen Glaubensvorstellungen verschmolzen. Jede Polis hatte ihren Demeter-Tempel, das Hauptheiligtum stand in Enna (→ S. 82). Der nahe gelegene Lago di Pergusa galt als Ort von Persephones Entführung. In den archäologischen Museen trifft man immer wieder auf die kleinen Votivstatuen aus Terrakotta, die Demeter mit einer Fackel in der Hand auf der Suche nach ihrer Tochter zeigen, oder Persephone, die als Braut geschmückt auf einem Thron sitzt.

Demeter lebt in neuem Gewand heute weiter: Mehr als die Hälfte aller sizilianischen Kirchen sind der Maria geweiht, der in Enna immer noch die aus Getreideähren gewundenen Kränze dargebracht werden.

Alte Kulte leben fort: Votivgabe aus Getreideähren im Dom von Enna.

Hotels/andere Unterkünfte

Grande Albergo Sicilia
Das zentral gelegene Hotel ist erst kürzlich renoviert worden, und die Zimmer sind großzügig geschnitten. Parkplatz.
Piazza Colajanni 7, 94100 Enna;
Tel. 09 35 50 08 50, Fax 09 35 50 04 88;
Zimmer 76 ★★★ AmEx DINERS EURO VISA

Essen und Trinken

Centrale
Alteingeführtes Lokal in der Nähe des Corso. Zu empfehlen sind die hausgemachten Maccheroni. Gerne wird darauf verwiesen, dass auch Mussolini hier gespeist hat.
Piazza VI. Dicembre 9;
Tel. 09 35 50 09 63; Di geschl. ★
(Alle Kreditkarten)

Allgemeine Informationen

Auskunft
AAPIT Enna
Via Roma 413; Tel. 09 35 52 82 28,
Fax 09 35 52 82 29

Ziele in der Umgebung

Nicosìa ■ F 3

Die Anlage des heutigen Nicosìa geht auf eine byzantinische Gründung des 7. Jahrhunderts zurück. Unter den Normannen wurde die Stadt ausgebaut; ihre Lage an der wichtigsten Verbindungsstraße zwischen Messina und Palermo begünstigte die weitere Entwicklung. Den schönsten Blick in die Landschaft genießt man von den Ruinen des normannischen Kastells, das auf einem der vier Hügel liegt. Der Weg dorthin führt durch die von barocken Baronalspalästen gesäumte Via Salamone. Einen weiteren schönen Ausblick gewährt die Chiesa Santissimo Salvatore.

In der Ortsmitte, an der Piazza Garibaldi, liegt die Kirche des Stadtpatrons San Nicolò. Von dem Ursprungsbau hat sich das Eingangsportal aus dem 14. Jahrhundert erhalten sowie der mächtige Campanile (→ S. 186) mit Spitzbögen im Chiaramonte-Stil. Als Anfang des 19. Jahrhunderts die Kirche zur Kathedrale geweiht wurde, zog man ein neues Gewölbe ein. Dabei wurde der größte Schatz der Stadt, die in Tempera bemalte Holzdecke aus dem 15. Jahrhundert, nicht nur den Blicken entzogen, sondern geriet lange Zeit sogar in völlige Vergessenheit. Einzelne Tafeln sind heute in der Sakristei ausgestellt, eine Besichtigung der Decke ist aus technischen Gründen zur Zeit nicht möglich. Profane und sakrale Motive wechseln sich ab, die Malerei erinnert an die Holzdecke der Cappella Palatina (→ S. 99) oder die des Palazzo Steri in Palermo. Verwandte Motive werden bis auf den heutigen Tag für die Bühnenbilder der »Opera dei Pupi« gemalt (→ S. 115).

Sperlinga ■ F 3

Die ältesten Teile der Burg und ganze Viertel des kleinen Städtchens sind in den Sandsteinfels gegraben. Das Kastell von Sperlinga, eine der schönsten Burgen Siziliens, wird im 11. Jahrhundert zum ersten Mal erwähnt. Zur Zeit Friedrich II. gehörte es zum Kronbesitz der Staufer. Während der Kriege, die der Sizilianischen Vesper folgten, bot Sperlinga den flüchtenden Franzosen in seinen Mauern Zuflucht. Die Inschrift über dem zweiten Eingangsportal der Burg »Quod Siculis placuit sola Sperlinga negavit« (Nur Sperlinga sagt nein zu dem, was die Sizilianer beschließen) erinnert daran. Später diente das Kastell den Ventimiglia als südöstlichste Grenzfestung ihres Feudalreichs, deren Hauptstadt Castelbuono war (tgl. 9–13 und 14.30–18.30 Uhr; Eintritt 1,50 €)

Die farbenfroh bemalte Holzdecke des Doms von Nicosìa erinnert an die Decke der Cappella Palatina in Palermo (→ S. 99).

Piazza Armerina ■ F4

Für die meisten ist Piazza Armerina nur eine Durchgangsstation auf dem Weg zur Villa del Casale. Schade, denn die auf der Anhöhe gelegene Stadt ist überaus sehenswert. Über Treppen steigt man zum Dom auf, vorbei an Kirchen und Palästen aus allen Epochen. Die barocke Kathedrale steht auf dem höchsten Punkt der Stadt, der Campanile (→ S. 186) im Stil katalanischer Spätgotik stammt noch vom Vorgängerbau. In der Kathedrale wird ein byzantinisches Bildnis der Muttergottes aufbewahrt, das von Roger I. gestiftet worden sein soll. Die von der Piazza Duomo abzweigende Via Monte bildet das Rückgrat des ältesten Stadtviertels aus der Zeit der normannischen Eroberung.

Alljährlich im August wird der »Palio dei Normanni« in historischen Kostümen aufgeführt.

Hotels/andere Unterkünfte

Pomara M
San Michele di Ganzaria liegt auf halbem Weg zwischen Piazza Armerina und Caltagirone. Das Hotel wurde direkt oberhalb des ausgezeichneten Restaurants der Familie Pomara errichtet. Spezialität des Hauses ist die »ricotta« (eine Art Frischkäse) in vielen Zubereitungsarten.
Via Vittorio Veneto 84, 95040 San Michele di Ganzaria; Tel. 09 33 97 69 76, Fax 09 33 97 70 90; 39 Zimmer ★★★ AmEx DINERS EURO VISA

Essen und Trinken

La Ruota
Kurz vor der Villa del Casale liegt das Lokal von Fiorella Pioni. Rustikale »antipasti«, hausgemachte Nudeln. Als »secondo« Lamm vom Grill oder gedünstetes Kaninchen, dazu der Hauswein.
Contrada Paratore-Casale;
Tel. 09 35 68 05 42 ★★ AmEx VISA

Ziele in der Umgebung

Morgantina ■ F4

Eine der schönsten und dennoch kaum besuchten archäologischen Ausgrabungen Siziliens wird vom Glanz der nahen Villa del Casale fast völlig überstrahlt. Die ersten Siedlungsspuren Morgantinas stammen aus der frühen Bronzezeit. Sikuler vom Stamm der Morgeten gründeten hier im 11. Jahrhundert v. Chr. eine Stadt. Die größte Entfaltung erfuhr Morgantina im 4. und 3. Jahrhundert v. Chr., zur Zeit syrakusanischer Vorherrschaft. In die Auseinandersetzungen zwischen Sextus Pompeius und Oktavian verwickelt, wurde die Stadt 35 v. Chr. zerstört. Im 1. Jahrhundert n. Chr. wurde Morgantina aufgegeben und fiel dem Vergessen anheim.

Im benachbarten Aidone wurde ein archäologisches Museum eingerichtet.

MERIAN-Tipp

Miniera Floristella-Grottacalda *Der Parco Minerario Floristella-Grottacalda liegt auf halber Strecke zwischen Enna und Piazza Armerina. Von der SS117 biegt man Richtung Valguarnera ab, und kurz darauf zweigt die bezeichnete Zufahrt zur stillgelegten Schwefelgrube ab. Die Geschichte der Schwefelgewinnung in Sizilien lässt sich in Grottacalda auf einzigartige Weise nachvollziehen. Mitte des 18. Jahrhunderts begann hier die systematische Ausbeutung des Schwefels; die ersten Stollen wurden mit Spitzhacken in die Erde getrieben. Unter Tage war es so heiß, dass die Arbeiter nackt zu Werk gehen mussten. Was zur Zeit der Römer eine Strafe war, wurde in Sizilien zur schlecht bezahlten Lohnarbeit. Ein Gesetz von 1886, das den Einsatz von Kindern unter zehn Jahren verbot, wurde regelmäßig unterlaufen. Bei einem Gang durch das weitläufige Gelände sieht man die Stollen und die Öfen, in denen der Schwefel geschmolzen wurde; die zu ihrer Zeit modernen Fördertürme sind heute längst verrostet.* ■ *F4*

Sehenswertes

Area Archeologica di Morgantina

Die Agorà aus dem 3. Jahrhundert v. Chr. kann ohne Übertreibung als eine der schönsten Platzanlagen Italiens bezeichnet werden. Eine trapezförmige Treppe, die gleichzeitig der Ratsversammlung diente, vermittelt zwischen den verschieden hoch gelegenen Teilen des Platzes, den eine Säulenhalle umgab. Im unteren Teil liegt ein Heiligtum der Demeter und Persephone. Westlich erstreckt sich das schöne Theater. Auf den Hügeln zu beiden Seiten der Agorà kann man Wohnviertel besichtigen.
Strada Statale 288; tgl. 9–13 und 15 Uhr bis 1 Std. vor Sonnenuntergang; Eintritt 2 €

Museum

Museo Archeologico

In chronologischer Abfolge werden die Ausgrabungsfunde von Morgantina präsentiert.
Via Torres Trupia, Aidone; tgl. 9–13 und 15–19 Uhr; Eintritt 2 €

Villa del Casale

→ KulTour S. 154, → Karte S. 159

Aus dem Häusermeer der Altstadt von Piazza Armerina wächst der mächtige Dom heraus.

MESSINA, MILAZZO UND DIE ISOLE EOLIE

Eine schmale Meerenge, die sich bei Messina bis auf 2800 Meter verjüngt, trennt Sizilien vom italienischen Festland. Und solange die Brücke über den Stretto di Messina nicht gebaut wird, setzen Reisende, die Sizilien auf dem Landweg erreichen wollen, weiterhin von Villa San Giovanni mit Fähren oder Tragflügelbooten nach Messina über. Messina ist eine der ältesten griechischen Gründungen in Sizilien. Immer wieder durch Erdbeben zerstört, wurde Messina mehrfach neu aufgebaut. Milazzo, am Tyrrhenischen Meer gelegen, ist der wichtigste Hafen, um zu den Isole Eólie, den Äolischen oder auch Liparischen Inseln, überzusetzen. Sieben Inseln feurigen Ursprungs – Alicudi, Filicudi, Lipari, Panarea, Salina, Stromboli und Vulcano – breiten sich vor der sizilianischen Nordküste aus. Vermessungen des Meeresbodens haben 1999 im Tyrrhenischen Meer, zwischen den Äolischen Inseln und Neapel, zu der Entdeckung eines der größten aktiven Vulkane Europas geführt. Der Krater des Vulkans Marsili liegt 500 Meter unter dem Meeresspiegel, sein Kegel erhebt sich 3000 Meter über dem Meeresboden.

Der Nordosten Siziliens wird von den Peloritani eingenommen. In die abgelegenen Täler des Gebirszuges zogen sich im Mittelalter byzantinische Mönche zurück, und einige ihrer schönen Kirchen kann man heute noch bewundern.

Isole Eólie/Äolische Inseln

G 1/I 1

Die bewegte menschliche Geschichte auf den Äolen umfasst einen Zeitraum von mehr als 6000 Jahren und steht in engem Zusammenhang mit der vulkanischen Natur der Inseln. Die erste industrielle Revolution erlebte Lipari, die Hauptinsel des Archipels, bereits gegen Ende des 5. Jahrtausends v. Chr. Das schwarze Vulkanglas Obsidian wurde von den Menschen der Jungsteinzeit abgebaut und zu Schneidewerkzeugen und Waffen weiterverarbeitet, die im gesamten westlichen Mittelmeerraum reißenden Absatz fanden. Der wirtschaftliche Erfolg setzte sich dank der günstigen Lage an einer der wichtigsten Seehandelsrouten auch während der Bronzezeit fort.

In dieser Epoche bestand ein reger Austausch mit der mykenischen Welt, der seinen Nachhall in den weltberühmten homerischen Epen fand. Es fällt nicht schwer, im Kastell von Lipari die von »ehernen Mauern« umgebene Burg des Aiolos (lat. Äolus) zu sehen, der Odysseus gastfreundlich aufnahm.

Der Weinanbau auf den fruchtbaren Vulkanböden fand 1889 sein vorläufiges Ende, als die Reblaus auch die Äolischen Inseln erreichte. In Folge der wirtschaftlichen Misere setzte ein Massenexodus in Richtung Australien oder Amerika ein, und bis Anfang des 20. Jahrhunderts hatte mehr als die Hälfte aller Inselbewohner ihre Heimat verlassen.

Das Kino erweckte die Inseln zu neuem Leben. Roberto Rosselini drehte im Jahr 1949 den Film »Stromboli – Terra di Dio«, in dem neben Ingrid Bergman der Feuer spuckende Vulkan die Hauptrolle spielte. Die Neugier auf einen der schönsten Archipele des Mittelmeers war geweckt, und die ersten Urlauber ließen nicht lange auf sich warten. Der Fremdenverkehr ist heute die Haupteinnahmequelle der Äolischen Inseln. Faszinierende Vulkanlandschaften, herrliche Wanderwege, ein sauberes Meer, im Inselstil errichtete Hotels und eine gute Küche entschädigen für die etwas umständliche Anreise. Am schnellsten und einfachsten sind die Äolen vom Hafen Milazzo (→ S. 97) aus zu erreichen.

Filicudi ■ H 1

Filicudi liegt auf halbem Weg zwischen Salina und Alicudi, und das beschreibt auch in etwa den Charakter dieser beschaulichen Insel. Die Ruinen des bronzezeitlichen Dorfes auf dem Capo Graziano sind nicht nur archäologisch interessant, sondern auch landschaftlich besonders reizvoll. Ein schmaler Fußpfad führt in einer viertel Stunde bis auf die Anhöhe. Keramikfunde deuten darauf hin, dass Filicudi einst von einem Volk ägäischen Ursprungs besiedelt wurde. Die Äo-

Auf dem Burgberg von Lipari wurde erst vor wenigen Jahren der älteste normannische Kreuzgang Siziliens wiederentdeckt.

lier kontrollierten von den Inseln aus – die heute noch ihren Namen tragen – die Meeresstraße von Messina, eine der Haupthandelsrouten ihrer Zeit. Etwa 600 Jahre lang bestand ihre blühende Kultur, und Homer erinnert in der »Odyssee« an den sagenhafte König Aiolos.

Lipari ■ H 1

Stadtplan → S. 91
Lipari ist die lebendigste, größte und vielseitigste Insel des Archipels. Mit dem Schiff erreicht man den gleichnamigen Hauptort, ein hübsches Städtchen von 5000 Einwohnern und ideale Basis, um die Insel selbst, aber auch die benachbarten Eilande zu entdecken. Beliebtester Treffpunkt der Bewohner ist die Piazza San Onofrio am kleinen Hafen der Marina Corta. Über der Stadt erhebt sich der imposante Burgberg mit der Kathedrale und dem archäologischen Museum. Nur selten findet man eine Gelegenheit, Geschichte in so konzentrierter und schöner Form zu erleben, zu Fuß durch die Jahrtausende zu streifen und dabei herrliche Ausblicke zu genießen. Neben der Kathedrale San Bartolomeo wurde erst vor wenigen Jahren ein normannischer Kreuzgang mit Kapitellen aus dem 11. Jahrhundert wiederentdeckt.

Museum

Museo Archeologico Eoliano »Bernabò Brea« ■ c 2
Die Sammlung ist in mehreren Gebäuden untergebracht, die sich auf dem Burgberg um die Kathedrale scharen. Im ehemaligen Bischofspalast wird die Vor- und Frühgeschichte der Insel gezeigt. Die Ausstellung beginnt im oberen Stock mit den ersten Funden aus der Jungsteinzeit. Die Verarbeitung des Obsidians zu Werkzeugen lässt sich so anschaulich verfolgen. Auch die Blütephase der bronzezeitlichen Capo-Graziano- und Capo-Milazzese-Kultur wird dokumentiert. Die Keramik erlaubt Rückschlüsse auf die Herkunft der einzelnen Völker und ihre weit reichenden Handelsbeziehungen. Der letzte Saal widmet sich dem im 6. Jahrhundert v. Chr. von Griechen neu gegründeten Lipàra. Der aus Lavagestein gearbeitete Deckel mit einer Löwendarstellung verschloss den Opferbrunnen des Aiolos. Die Ausstellung setzt sich chronologisch in der klassischen Abteilung fort. Im Erdgeschoss wurden mehrere Nekropolen originalgetreu wieder aufgebaut. Die im ersten Stock präsentierten Grabbeigaben bezeugen den hohen Lebensstandard des griechischen Lipàra im 5. und 4. Jahrhundert v. Chr. Ausgesucht schöne Beispiele für Vasenmalerei sind hier zu sehen. Der Besuch des Museums lohnt alleine wegen der im Saal 23 ausgestellten Theatermasken und -figuren. Die Votivgaben aus Terrakotta lassen die Tragödien und Komödien eines Euripides, Sophokles, Aristophanes oder Menander lebendig werden.
Via del Castello; Mo–Sa 9–14 Uhr, klassische Abteilung auch 15–18 Uhr, So und an Feiertagen 9–13 Uhr; Eintritt 4 €

Hotels/andere Unterkünfte

Augustus ■ b 1
Zu empfehlen sind die Zimmer auf den hübschen und ruhigen Innenhof.
Via Ausonia 16, 98055 Lipari; Tel. 09 09 81 12 32, Fax 09 09 81 22 33; 34 Zimmer ★★★, im Sommer verdoppeln sich die Preise EURO VISA

Casajanca M nördlich ■ b 1
Neu eröffnetes Hotel im Badeort Canneto. Direkt vor der Haustür liegt die Bar Tano, die ausgezeichnete Granita serviert.
Via Marina Garibaldi, 98055 Lipari, Loc. Canneto; Tel. 09 09 88 02 22, Fax 09 09 81 32 44; Internet: www.casajanca.it; 10 Zimmer ★, im Sommer verdoppeln sich die Preise AmEx VISA

Giardino sul Mare südlich ■ c 3
Gemütliches Hotel mit Garten und Swimmingpool direkt oberhalb des Meeres. Gute Küche, einfaches Frühstück. Wenige Gehminuten bis zum Stadtzentrum von Lipari.
Via Maddalena 65, 98055 Lipari; Tel. 09 09 81 10 04, Fax 09 09 88 01 50; Internet: www.netnet.it/giardino; 41 Zimmer; Nov. bis März geschl. ★★★, im Sommer verdoppeln sich die Preise AmEx DINERS EURO VISA

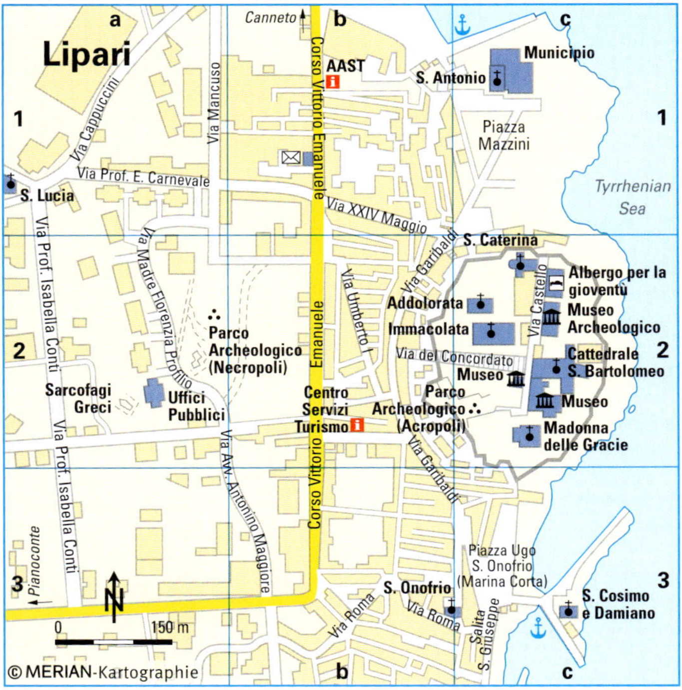

Essen und Trinken

Da Lauro M nördlich ■ b 1
Das Lokal liegt im kleinen Ort Acquacalda an der Nordküste von Lipari. Der Ausblick von der Terrasse auf die Nachbarinsel Salina ist zur Zeit des Sonnenuntergangs unbezahlbar, das gute Essen indes nicht. Für viele ist Da Lauro das beste Fischrestaurant der Insel. Die Vorspeisen, zu denen der lokale Weißwein sehr gut passt, sollte man sich nicht entgehen lassen. Shuttle-Service zum Lokal und wieder zurück ins Hotel.
Via Rocche, Loc. Acquacalda; Tel. 09 09 82 10 26 ★★(keine Kreditkarten)

La Nassa M südlich ■ b 3
Geschmackvoll eingerichtetes Lokal mit einer pergolagedeckten Dachterrasse. Bartolo Matarazzo sorgt für optimalen Service und seine »mamma« Donna Teresa für das leibliche Wohl. Der Fisch ist frisch und wird kunstvoll zubereitet.
Via G. Franza 36; Tel. 09 09 81 13 19
Internet: www.lanassavacanze.it
★★ AmEx DINERS VISA

Allgemeine Informationen

Auskunft
AAST ■ b 1
Corso Vittorio Emanuele 202; Tel. 09 09 88 00 95, Fax 09 09 81 11 90; Internet: www.netnet.it/aasteolie

Centro Servizi al Turismo ■ b 2
Via Maurolico 17; Tel. 09 09 81 35 42, Fax 09 09 81 35 46; Internet: www.isoleturismo.it, www.welcometoeolie.com

Panarea ■ I 1

Die kleinste der Äolischen Inseln wird ihrerseits von einer Anzahl bizarr geformter Felsen umgeben. Das größte der Eilande, Basiluzzo, war in der Römerzeit sogar bewohnt. Reste einer herrschaftlichen Villa wurden ausgegraben.

Auch heute ist Panarea wieder das Ziel der oberen Zehntausend, und man kann es dem italienischen Geldadel kaum verdenken, dass er sich auf dieser hübschen Insel ein festes Sommerrefugium eingerichtet hat. Die typisch äolianischen Häuser sind fast ausnahmslos geschmackvoll hergerichtet. Alte Wirtschaftswege wurden inzwischen wieder freigelegt und laden zu Wanderungen ein. Der Hafen San Pietro gefällt mit seinen weißen Villen, verträumten Gässchen und üppigem Blumenschmuck.

Auf der sichelförmigen Halbinsel des Capo Milazzese finden sich die Grundmauern von mehr als 20 Rundhütten aus der späten Bronzezeit. Diese und weitere Siedlungen wurden um 1430 v. Chr. von kriegerischen Einwanderern aus Ostsizilien gegründet, die die Äolier in ihrer Herrschaft über die Inseln ablösten. Da die Zeiten unruhig waren, wurden die neuen Siedlungen festungsartig angelegt. Nach nur 150 Jahren fand die Kultur von Milazzese ein jähes Ende; alle bewohnten Orte weisen Spuren einer plötzlichen Zerstörung auf. In diese Zeit fällt die Eroberung der Äolischen Inseln durch den italischen Stamm der Ausonier. Die Legende er-

Auf Salina gedeihen im fruchtbaren Tal von Val di Chiesa die Malvasia-Trauben.

innert an ihren König Liparos, dessen Name in der Hauptinsel weiterlebt.

Zurück in der Gegenwart lockt das kristallklare Meer in der Cala Junco.

Essen und Trinken

Da Pina MM
Pina Mandarano führt seit mehr als 30 Jahren eines der besten Restaurants der Äolen. Neben Zimmern in einem schlichteren Gästehaus vermietet sie auch einige hübsche Apartments.
Via Lani; Tel. 0 90 98 30 32; Internet: www.pinapanarea.it ★★
AmEx DINERS EURO VISA

Salina

H 1

Ihrer unverwechselbaren Silhouette verdankte die Insel ihren griechischen Namen Didyme, Zwilling. Die Römer, die bei Lingua Salz gewannen, nannten die Insel schlicht Salina. Der Monte Fossa delle Felci, einer ihrer beiden Vulkankegel, ist mit 962 Metern der höchste Gipfel des Archipels, und seine Hänge sind von einer dichten, immergrünen Macchia bedeckt. Weite Teile der Insel stehen seit den achtziger Jahren unter Naturschutz. Am Fuß der Berge breitet sich eine blühende Gartenlandschaft aus. Wirtschaftlich emanzipiert durch den Export von Malvasia, löste sich Salina Mitte des 19. Jahrhunderts aus der politischen Bevormundung durch Lipari und verwaltet sich heute mit drei

Kommunen selbst. Den neuen Ruhm durch den Film »Der Postmann« nimmt man gelassen hin. Salina ist im Gegensatz zu den anderen Inseln nicht in erster Linie auf den Tourismus als Einnahmequelle angewiesen, die Landwirtschaft hat hier noch wirtschaftliche Bedeutung. Kapern in bester Qualität werden auf Salina angebaut, und der Malvasia macht seinem Namen als Nektar der Götter alle Ehre.

Hotels/andere Unterkünfte

Signum MMM
Behutsam und mit viel Gusto haben Clara Rametta und ihr Mann Michele eine Gruppe äolianischer Häuser zu einem kleinen Hotel zusammengefasst. Die Küche ist sehr gut, und es wird der exzellente Wein von Salina ausgeschenkt.
Via Scalo 15, 98050 Malfa; Tel. 09 09 84 42 22, Fax 09 09 84 43 75; Internet: www.netnet.it/salina/signum; 23 Zimmer; Jan. und Feb. geschl.
★★★, im Sommer verdoppeln sich die Preise AmEx DINERS EURO VISA

Stromboli

I 1

Die geologisch jüngste der Isole Eólie ist zugleich der aktivste Vulkan Europas. Den antiken Seefahrern diente der Stromboli als natürliches Leuchtfeuer. Im Altertum wurden die vulkanischen Phänomene häufig im Mythos beschrieben, und so galt Stromboli als Sitz des Windgottes Aiolos. Nach Vorstellung der alten Griechen entstiegen die Winde Löchern aus dem Erdinneren. Daher lag es nahe, Vulkane, die Entstehung der Winde und die Vorhersage des Wetters in eine Beziehung zueinander zu setzen. In der Tat zeigt die ständig wehende Rauchfahne des Stromboli die herrschende Windrichtung an, und auch seine vulkanische Aktivität wird durch den Luftdruck mitbeeinflusst. Die Ausbrüche lassen sich auf dem Stromboli relativ gefahrlos beobachten. Allgemein spricht man von »strombolischer Tätigkeit«, wenn ein Vulkan laufend ausbricht und dabei Magmafetzen in die Luft schleudert. Die Lavabrocken erstarren meist noch im Flug und fallen mit einem klirrenden Geräusch auf die Erde zurück. In der Dunkelheit kann man die glühenden Parabeln ihrer Flugbahn erkennen.

Der Aufstieg in die über 900 Meter hohe Gipfelzone des Stromboli ist nach offiziellen Vorschriften nur in Begleitung autorisierter Bergführer erlaubt. Die Besteigung des Stromboli ist tags wie nachts ein einzigartiges Naturerlebnis. Gute Bergausrüstung, Taschenlampen sowie eine zuverlässige Wegbeschreibung sind unabdingbar. Weniger schweißtreibend ist die virtuelle Besteigung des Vulkans im Internet (www.educeth.ch.ethz.ch/stromboli/). Der Hauptort Strómboli zieht sich, von schwarzen Sandstränden begleitet, an der Nordküste der Insel entlang. Der im Westen gelegene Ort Ginostra ist nur vom Meer aus zu erreichen, man wird hier allerdings von größeren Schiffen ausgebootet. In dem kleinsten Hafen der Welt haben höchstens ein paar Fischerboote Platz.

Hotels/andere Unterkünfte

La Sirenetta
Familiär geführtes Hotel am schwarzen Sandstrand von Ficogrande. Viele der Zimmer haben eine schöne Aussicht auf das Meer und das Eiland Strombolicchio. Meerwasser-Swimmingpool.
Via Marina 33, 98050 Stromboli; Tel. 0 90 98 60 25, Fax 0 90 98 61 24; Internet: www.netnet.it/hotel/lasirenetta; 43 Zimmer; Nov. bis April geschl. ★★, im Sommer verdoppeln sich die Preise
AmEx DINERS EURO VISA

Aus dem Krater von Vulcano dringen Schwefeldämpfe. An klaren Tagen liegt einem der gesamte Archipel zu Füßen.

Vulcano

H2

Schon bei der Anfahrt mit dem Schiff weht einem der Schwefelgeruch des Vulkans entgegen. Vom Grund eines älteren Einbruchkraters ist im Verlauf der letzten 10 000 Jahre der heute noch aktive Gran Cratere emporgewachsen.

Seit der Steinzeit waren die Menschen Zeugen der vulkanischen Aktivitäten auf der drittgrößten Insel des Archipels, und wegen seiner Unberechenbarkeit blieb Vulcano bis ins 19. Jahrhundert unbesiedelt. Die reichen Schwefelvorkommen wurden jedoch bereits von den Römern ausgebeutet. Beim letzten explosiven Ausbruch, der sich in den Jahren 1888 bis 1890 ereignete, wurden tonnen-

schwere Lavabomben in die Luft geschleudert.

Zur Zeit befindet sich der Gran Cratere in einer Fumarolen-Phase; aus Spalten dringen heiße Schwefeldämpfe. Eine Wanderung führt auf den Kraterrand dieses Bilderbuchvulkans, die Ausblicke gehören zu den schönsten des Archipels. Entspannung findet man in dem lauwarmen Schwefelschlammbad in Hafennähe oder am schönen schwarzen Sandstrand in der Bucht des Porto di Ponente.

Messina ■ 12

Trotz des modernen Stadtbildes entsteht keinesfalls der Eindruck, Messina sei geschichtslos. Überall findet man Gebäude aus der reichen Vergangenheit. Dass es sich dabei fast ausschließlich um Rekonstruktionen handelt, fällt kaum auf. Die schicksalsgeplagte Stadt wurde mehrfach von Erdbeben völlig zerstört, zuletzt im Jahr 1908. Große Schäden wurden auch durch die Bombenangriffe des Zweiten Weltkriegs verursacht.

Als Tor Siziliens und bedeutende Hafenstadt hatte Messina lange Zeit eine Sonderstellung inne. Von Messina aus konnte der gesamte Seeverkehr der Meerenge, eine der wichtigsten Seehandelsrouten des Mittelmeers, unter Kontrolle gehalten werden. Der ausgezeichnete Naturhafen wird von einer schmalen, gekrümmten Landzunge geschützt. Griechische Siedler, die an dieser Stelle 730 v. Chr. eine Stadt anlegten, nannten sie folgerichtig »Zankle«, die Sichel.

Sehenswertes

Duomo

Der Dom teilte das wechselhafte Schicksal Messinas. 1197 im Beisein des Staufers Heinrich IV. geweiht, fiel er bereits 1254 das erste Mal einem Brand zum Opfer. Neu errichtet und über die Jahrhunderte weiter ausgeschmückt, vernichtete ihn 1783 ein Erdbeben, ein weiteres zerstörte den neuen Bau um 1908. Aus den Bauresten wurde ein neuer Dom errichtet, der im Verlauf der Bombardements 1943 getroffen wurde und innerhalb von drei Tagen ausbrannte. Bei dem Wiederaufbau gelang es, die erhaltenen Originalstücke meisterhaft zu integrieren.

Neben dem Dom steht der 1933 errichtete Glockenturm mit der weltgrößten mechanischen Uhr; sie ist ein Werk der Gebrüder Ungerer aus Straßburg. Mittags um 12 Uhr setzt sich das Räderwerk in Bewegung und zeigt Szenen aus der Geschichte Messinas. Der Orionbrunnen vor dem Dom ist ein Werk von Giovanni Montorsoli, einem Schüler Michelangelos.

Piazza Duomo

Santissima Annunziata dei Catalani

Das Gotteshaus aus der Mitte des 12. Jahrhunderts ist das einzige Gebäude Messinas, das die meisten Katastrophen weitgehend unbeschadet überstanden hat. Der reiche Fassadenschmuck mit Blendarkaden zeigt byzantinische Einflüsse.

Piazza dei Catalani; tgl. 9.30–11.30 Uhr

Museum

Museo Regionale di Messina
Kern der Sammlung sind zahlreiche Kunstschätze aller Epochen. Viele der Exponate wurden aus den von Erdbeben zerstörten Kirchen und Palästen gerettet. Einen Ehrenplatz nimmt im vierten Saal ein »Polyptychon des hl. Gregor« (1473) von Antonello da Messina (→ S. 37) ein. Im zehnten Saal sind zwei Gemälde ausgestellt, die Caravaggio 1608 im Auftrag des Senats von Messina malte.
Viale della Libertà 465; Mo, Mi, Fr 9–13.30, Di, Do, Sa 9–13.30 und 16–18.30 Uhr, So und an Feiertagen 9–12.30 Uhr; Eintritt 4 €

Hotels/andere Unterkünfte

Villa Morgana
Etwa 10 Kilometer nördlich von Messina, inmitten eines Gartens am Lago di Ganzirri.
Via Cosolare Pompea 237, 98168 Messina, Loc. Ganzirri; Tel. 0 90 32 55 75, Fax 09 02 92 72 33; 13 Zimmer ★★★ AmEx VISA

Essen und Trinken

Da Piero
Eine Institution der messinesischen Küche. Hier muss man das berühmte Fischgericht »pesce stocco alla ghiotta« probieren.
Via Ghibellina 121; Tel. 0 90 71 83 65; Mo–Sa nur abends, So und Aug. geschl. ★★ AmEx DINERS VISA

Milazzo ■ H2

Die dicht an der Stadt liegenden Raffinerien und der große Industrie-und Fährhafen haben verhindert, dass sich Milazzo zu einem touristischen Ziel entwickelt hat.

In erster Linie ist Milazzo als Ausgangshafen für den Besuch der Isole Eólie bekannt. Auf den zweiten Blick entpuppt sich jedoch zumindest die Altstadt als recht hübsch, und die lange Uferpromenade (Lungomare Garibaldi) lädt zum abendlichen Bummel ein. Als lange Halbinsel ragt das Capo Milazzo ins Meer, und auf dem Burgberg ließ Friedrich II. einen normannischen Vorgängerbau zu einer großartigen Festung ausbauen. Der Blick von der Burg auf die sizilianische Nordküste, die Peloritani und den im Hintergrund aufragenden Etna ist wunderschön.

Bezaubernd auch die Landschaft am nördlichen Ende des Kaps. Hier siedelten bereits 4000 v. Chr. die ersten Menschen, und während der Bronzezeit bestand ein enger Kontakt zu den Äolischen Inseln, die von hier an klaren Tagen zum Greifen nah scheinen.

Allgemeine Informationen

Schiffsagenturen
Tickets für die Überfahrt zu den Isole Eólie erhält man bei den Schiffsagenturen von SIREMAR, SNAV und NGI an der Via dei Mille direkt am Hafen. Die Fähren und Tragflügelboote zu den Inseln verkehren täglich, teilweise sogar im Stundenabstand.

PALERMO UND DIE CONCA D'ORO

Nähert man sich Palermo mit dem Schiff, so treten zunächst die hohen Kalkberge aus dem Dunst, die den Kranz der Conca d'Oro bilden. Goethe beschrieb den nordwestlich der Stadt gelegenen Monte Pellegrino als das schönste Vorgebirge der Welt. Palermo und Monreale sind die beiden Perlen der goldenen Muschel, die ihren Namen nach der raschen Bauentwicklung der Nachkriegsjahre jedoch kaum noch verdient.

Weitgehend unbekannt ist bislang das landschaftlich reizvolle Hinterland der sizilianischen Hauptstadt. Seit dem 15. Jahrhundert siedeln Albaner in Piana degli Albanesi, Mezzojuso oder Palazzo Adriano. Über die Jahrhunderte ist es ihnen gelungen, ihr Brauchtum lebendig zu erhalten. Anderen Städten, wie Corleone, San Giuseppe Iato oder Prizzi, eilt der Ruf voraus, Hochburgen der Mafia zu sein. Seit Jahren besitzen diese Orte jedoch neue und engagierte Kommunalverwaltungen, die dem alten Image erfolgreich entgegenarbeiten. Nach Zerschlagung eines einflussreichen Mafiaklans konnte 1997 die Schnellstraße zwischen Palermo und Sciacca endlich fertig gestellt werden, so dass sich die landschaftlich schöne Gegend des Iato-Tals mit den Ausgrabungen am Monte Iato jetzt von Palermo aus in kurzer Zeit erreichen lässt.

Palermo ■ D2

Stadtplan → S. 100/101
Die Kapitale der autonomen Region Sizilien ist mit 750 000 Einwohnern die bevölkerungsreichste Stadt der Insel. Ihre Altstadt entdeckt man am besten zu Fuß (→ KulTour S. 160), und die wechselvolle Geschichte lässt sich auch am Stadtplan leicht ablesen. Im 8. Jahrhundert v. Chr. errichteten Punier eine Handelsniederlassung auf einem flachen Bergrücken, der im Norden und Süden von Wasserläufen umflossen wurde; diese mündeten in einen großen Naturhafen, die heutige Cala. Die Griechen nannten die punische Siedlung neidvoll Panormos, Ganz-Hafen. Große Bedeutung erlangte die Stadt, nachdem die Araber sie 831 eroberten und Mitte des 10. Jahrhunderts zur Hauptstadt ihres sizilianischen Emirates machten. Reisende jener Epoche verglichen die Pracht von Ballarmuh mit dem Reichtum von Kairo oder Córdoba. Die Festung al-Kasr am höchsten Punkt der Stadt und an Stelle des römischen Castrums wurde erweitert, und wo heute die Kathedrale steht, befand sich die Große Moschee. Die Hauptachse, die sich vom Normannenpalast an der Kathedrale vorbei in gerader Linie zum Hafen zieht, nennen die Palermitanern heute noch Cassaro.

Sein goldenes Zeitalter erlebte Palermo im 12. Jahrhundert, als Hauptstadt des normannischen Königreiches. Ihre Hauptresidenz errichteten die Normannen an Stelle des arabischen al-Kasr. Heute tagt hier das sizilianische Parlament (→ S. 99). Aus dieser Epoche stammen zahlreiche Kirchen und prachtvolle Paläste, die heute zu den Hauptsehenswürdigkeiten Palermos zählen.

In spanischer Zeit zog Palermo als Sitz des Vizekönigs einen Großteil des sizilianischen Adels an, dessen barocke Paläste heute mit verblichener Pracht den Cassaro, die Via Maqueda und angrenzende Plätze säumen. Die Quattro Canti (→ S. 107) entwickelten sich zum Brennpunkt des städtischen Lebens. Eine Vorstellung von der Prachtentfaltung barocker Feste, an denen nicht nur der Adel, sondern auch das Volk teilnahm, vermittelt heute noch das »festino«, das seit 1625 zu Ehren der Santa Rosalia (→ S. 105) gefeiert wird.

Ein einziges Fest für manchen Bewohner war die Zeit der Belle Époque. Innerhalb weniger Jahre wurden zwei Opernhäuser (→ S. 109), zahlreiche Theater, Grand-Hotels und Villen im Liberty-Stil gebaut. Nach den Bomben des Zweiten Weltkriegs, der korrupten Baupolitik der Nachkriegszeit, die wild wuchernde Vorstädte und eine beinahe entvölkerte Altstadt zurückgelassen hat, weht inzwischen ein frischer Wind durch Palermos Kommunalpolitik. Palermo ist eine Stadt voller reizvoller Widersprüche, eine europäische Metropole mit orientalischem Flair, eine geschichtsträchtige Stadt und eine Stadt des Aufbruchs, auf jeden Fall eine Stadt, die neu entdeckt werden möchte.

Sehenswertes

Cappella Palatina ■ a 4

Die Palastkapelle Roger II., die sich im ersten Stock des Palazzo dei Normanni befindet, gehört zum touristischen Pflichtprogramm in Palermo.

Die Cappella Palatina ist eine Synthese der drei großen Kulturen, die das Reich Roger II. prägten – des lateinisch-christlichen Westens, des byzantinischen Ostens und des Islam. Die Sankt Peter geweihte Kapelle vereinigt zwei diametral entgegengesetzte kirchliche Baukonzeptionen. Das Presbyterium entspricht mit seinem zentralen Grundriss den Erfordernissen der griechischen Liturgie, während das dreischiffige Langhaus sich der Abfolge der lateinischen Liturgie anpasst. Die Kirche hatte die Doppelfunktion einer privaten Kapelle der königlichen Familie und einer öffentlichen Audienzhalle. Die vielschichtige Bedeutung des Mosaikprogramms, das auf Roger II. zurückgeht, offenbart sich am deutlichsten an der wiederholten Abbildung des Pantokrators. Die hieratische Darstellung des Pantokrators in der Presbyteriumskuppel, umgeben vom himmlischen Hofstaat der Engel, entspricht byzantinischer Tradition und verweist auf die Krönung Roger II. Der Pantokrator in der Apsiskalotte ist eine normannische Bildschöpfung unter Verwendung des byzantinischen Vorbildes. Es werden Auferstehung und Jüngstes Gericht thematisiert. An der Westwand des Langhauses, der Hauptapsis

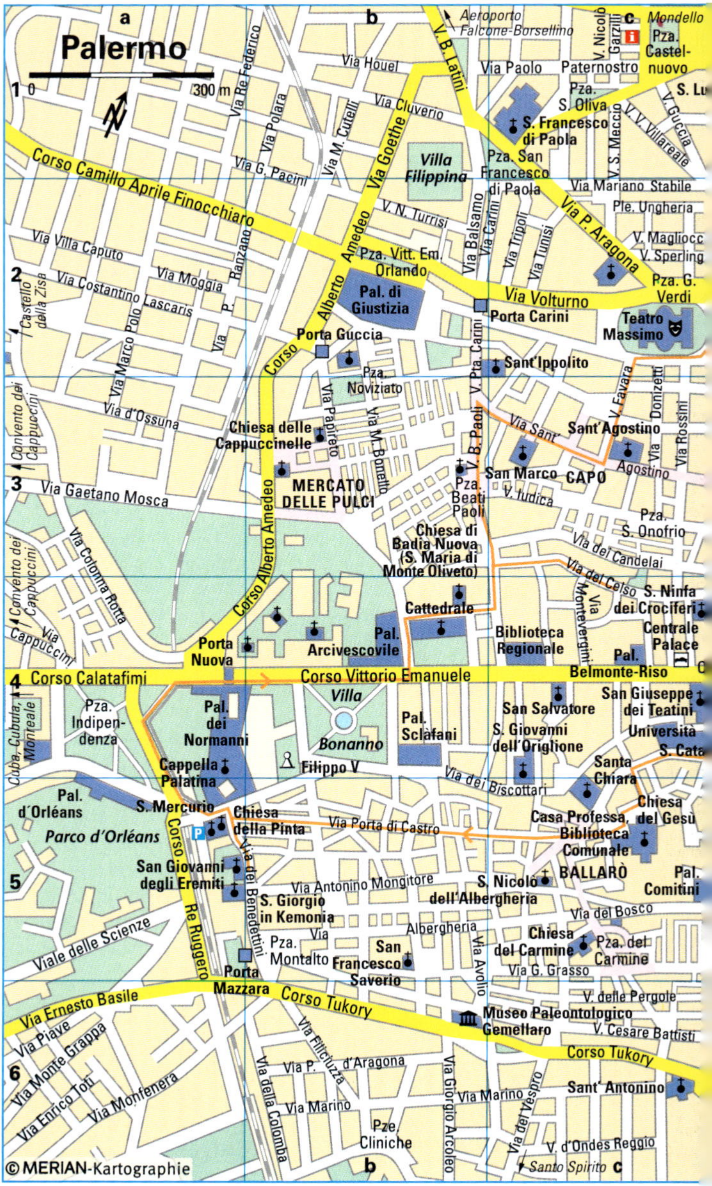
Palermo
300 m
Corso Camillo Aprile Finocchiaro
Via Villa Caputo
Via Costantino Lascaris
Via Moggia
Via Marco Polo
Via d'Ossuna
Via Gaetano Mosca
Via Re Federico
Via Polara
Via M. Cutelli
Via Houel
Via Cluverio
Via Goethe
Via G. Pacini
Villa Filippina
V. N. Turrisi
Pza. Vitt. Em. Orlando
Pal. di Giustizia
Corso Alberto Amedeo
Porta Guccia
Pza. Noviziato
Via Papireto
Via M. Bonello
Chiesa delle Cappuccinelle
MERCATO DELLE PULCI
Aeroporto Falcone-Borsellino
V. B. Latini
Via Paolo Paternostro
V. Nicolò Garzilli
Mondello
Pza. Castelnuovo
Pza. S. Oliva
S. Francesco di Paola
Pza. San Francesco di Paola
Via Mariano Stabile
Via P. Aragona
Ple. Ungheria
V. Maglioc
V. Sperling
Pza. G. Verdi
Via Volturno
Teatro Massimo
Porta Carini
Sant'Ippolito
V. Pta. Carini
Via Balsamo
Via Carini
Via Tripoli
Via Tunisi
V. S. Meccio
V. V. Villareale
V. Guccia
S. Lu
Via Sant'Agostino
Sant'Agostino
V. Favara
Via Donizetti
Via Rossini
San Marco
CAPO
V. Iudica
V. B. Paoli
Pza. Beati Paoli
Pza. S. Onofrio
Via dei Candelai
Via del Celso
Chiesa di Badia Nuova (S. Maria di Monte Oliveto)
Cattedrale
Via Montevergini
Biblioteca Regionale
S. Ninfa dei Crociferi
Centrale Palace
Pal. Belmonte-Riso
Castello della Zisa
Convento dei Cappuccini
Via Colonna Rotta
Via Cappuccini
Porta Nuova
Pal. Arcivescovile
Corso Calatafimi
Corso Vittorio Emanuele
Cuba, Cubula, Monreale
Pza. Indipendenza
Pal. dei Normanni
Villa Bonanno
Pal. Sclàfani
San Salvatore
S. Giovanni dell'Origlione
San Giuseppe dei Teatini
Università
S. Cata
Cappella Palatina
Filippo V
Via dei Biscottari
Santa Chiara
Pal. d'Orléans
Parco d'Orléans
S. Mercurio
Chiesa della Pinta
Via Porta di Castro
Casa Professa, Biblioteca Comunale
Chiesa del Gesù
Corso Re Ruggero
San Giovanni degli Eremiti
Via dei Benedettini
S. Giorgio in Kemonia
Via Antonino Mongitore
S. Nicolò dell'Albergheria
BALLARÒ
Pal. Comitini
Via del Bosco
Viale delle Scienze
Pza. Montalto
San Francesco Saverio
Via Albergheria
Via Avolio
Chiesa del Carmine
Pza. del Carmine
Via G. Grasso
Porta Mazzara
Via Ernesto Basile
Corso Tukory
V. delle Pergole
Museo Paleontologico Gemellaro
V. Cesare Battisti
Via Piave
Via Monte Grappa
Via Enrico Toti
Via Monfenera
Via Filiciuzza
Via P. d'Aragona
Via della Colomba
Via Marino
Pze. Cliniche
Via Giorgio Arcoleo
Via del Vespro
Sant' Antonino
V. d'Ondes Reggio
Santo Spirito
© MERIAN-Kartographie

d
e
f
1
2
3
4
5
6
Pza. Sturzo
Chiesa Valdese
Turati
Mondello, Villa Igiea, Museo Etnografico Siciliano Pitrè, Parco della Favorita, Monte Pellegrino
Molo Piave
V. Emerico Amari
Via F. Crispi
Via Amm. Gravina
Via Principe di Belmonte
Via Principe di Granatelli
V. Principe di Scordia
Via La Masa
Pza. Sammuzzo
Via Roma
Via del Mare
Porto
Molo V. Veneto
Stazione Marittima
Livorno, Genova, Napoli, Cagliari
Chiesa Anglicana
Via Carella
Via Mariano Stabile
Via Fonderia Oretea
Via Onorato
Via Riolo
Via Francesco Crispi
SS. Pietro e Paolo
Via Cavour
Via Sammuzzo
Via Ferraris
Via A. Volta
Sant'Ignazio all'Olivella, Museo Archeologico Regionale
Ple. XIII Vittime
Via Filippo Patti
Via Castello
S. Giorgio dei Genovesi
Gagini
Santa Cita
Via Valverde
Filippo Neri
S. Maria in Valverde
Via dei Barilai
V. Ant.
San Domenico, Museo del Risorgimento
Molo Sud
Pza. San Domenico
S. Maria la Nuova
S. Sebastiano
V. della Cala
La Cala
Bandiera
S. Basilio
Teatro Biondo
S. Eulalia dei Catalani
VUCCIRIA
Via Venezia
Matteo
Sant'Antonio Abate
S. Maria di Porto Salvo
S. Maria della Catena
Porta Felice
Font. del Garraffo
Corso Vittorio Emanuele
Oratorio di S. Lorenzo
Letizia
Via Bottai
Pza. Marina
Giardino Garibaldi
Museo Internazionale delle Marionette, Opera dei Pupi
Pza. Borsa
San Francesco d'Assisi
Sant'Anna
Via Al. Paternostro
Pal. Mirto
Via Lungarini
Pal. Chiaramonte
Via Butera
Foro
Villa
LATTARINI
Pal. Abatellis, Galleria Regionale Siciliana
Via Alloro
Chiesa La Pietà
Chiesa La Gancia
Pza. della Rivoluzione
Via Scavuzzo
S. Teresa alla Kalsa
a
Pza. Magione
S. Maria della Vittoria
Pal. Aiutamicristo
Italico
Pza. Kalsa
Pza. Spàsimo
Via Spàsimo
Via G. Garibaldi
Via Gorizia
Chiesa La Magione
Via Cervello
Mare
Via Milano
S. Maria dello Spàsimo
Porta Reale
Via Abramo Lincoln
Pza. Cesare
Via E. Paci
Via A. Ugo
Via Archirafi
Orto Botanico
Villa Giulia
Umberto I
Corso dei Mille
V. Balsamo
Ponte dell'Ammiraglio, San Giovanni dei Lebbrosi
Via Roma

direkt gegenüber und oberhalb des königlichen Thronpodestes, ist ein thronender Pantokrator abgebildet. Irdischer und himmlischer Herrscher und Richter saßen sich gegenüber. Höfische Szenen, gemalt in der Manier der persischen Miniaturenmalerei, schmücken die Stalaktitendecke (»muqarnas«) des Langhauses. Beachtung verdient auch der hohe Osterleuchter aus Marmor sowie der Fußboden mit bunten Einlegearbeiten aus Stein.

Im zweiten Stock des Normannenpalastes kann man, wenn das sizilianische Regionalparlament nicht gerade tagt, die »Sala di Re Ruggero« besichtigen. Der kleine private Raum ist mit wertvollen Mosaiken ausgekleidet, die in symmetrischer Weise Jäger, Kentauren, Löwen und exotische Bäume wiedergeben.
Piazza Indipendenza; Bus 104, 105, 108; Mo–Fr 9–11.45 und 15–16.45, Sa 9–11.45, So 9–10 und 12–13 Uhr

Castello della Zisa
westlich ■ a 2

Die Zisa (vom arabischen »al-Azîz«, vornehm, prächtig, schön) führt uns vor Augen, in welchem Luxus aus 1001 Nacht die normannischen Herrscher Siziliens im 12. Jahrhundert zu leben verstanden. Eine arabische Inschrift begrüßte den Gast mit den Worten »Dies ist das irdische Paradies, das sich den Blicken öffnet…«. Die königliche Privatresidenz, unter Wilhelm I. begonnen und zur Zeit Wilhelm II. vollendet, ist ein Musterbeispiel fatimidischer Profanarchitektur. Der Bau zeichnet sich durch klare geometrische Formen aus, selbst die einzelnen Bausteine sind exakt in den gleichen Maßen geschnitten. Die Zisa, die Cuba und andere Paläste waren ursprünglich in einen großen Park eingebettet, der Palermo im Westen umgab. Aus dem hohen, mosaikgeschmückten Brunnensaal der Zisa floss Wasser in einen gemauerten Teich. Der Palast verfügte über sanitäre Einrichtungen; die beiden Windtürme an der Seite des Komplexes fungierten als Klimaanlage. Eindringende Luft konnte sich an feuchten Tüchern, die in den Schächten aufgehängt waren, abkühlen und strömte dann durch die einzelnen Räume.

In der Zisa wird eine Sammlung islamischer Kunst präsentiert. Interessant sind auch die Fotos, die Details der Holzdecke der Cappella Palatina zeigen.
Piazza Guglielmo il Buono; Bus 124; Mo–Sa 9–13 und 15–18, So und an Feiertagen 9–12.30 Uhr; Eintritt 2,5 €

Catacombe dei Cappuccini
westlich ■ a 4

Bis zu einem Verbot des Jahres 1881 bewahrten reiche Sizilianer ihre Verstorbenen durch Einbalsamierung vor der Verwesung. Hunderte dieser Leichen sind entlang der unterirdischen Gänge des Kapuzinerklosters aufgestellt. Aus dem barocken Memento mori ist heute ein makabres Touristenspektakel geworden. In dem benachbarten Friedhof liegt Giuseppe Tomasi di Lampedusa begraben.
Via Cappuccini 1; Bus 327; tgl. 9–12 und 15–17 Uhr; Eintritt 1,25 €

Cattedrale ■ b 4

Der normannische Dom Palermos erhebt sich an der gleichen Stelle, an der in islamischer Zeit die Große Moschee stand. Eine Säule am südlichen Eingang stammt vom Vorgängerbau, die arabische Inschrift gibt die siebte Koransure wieder. Der Neubau der Kathedrale durch Bischof Walter of the Mill fällt in die Regierungszeit Wilhelm II. Zwischen 1179 und 1185 wurde die Kirche errichtet. Der reiche Schmuck der Außenwände, vor allem der Apsiden, stammt im Wesentlichen noch vom mittelalterlichen Bau. Am südlichen Seiteneingang wurde im 15. Jahrhundert ein Portikus im Stil katalanischer Gotik hinzugefügt. Einen radikalen Umbau brachte das Ende des 18. Jahrhunderts mit sich. Dem Geschmack der Zeit entsprechend, wurde der Kathedrale eine mächtige Kuppel aufgesetzt und der Innenraum in einem kühlen, klassizistisch beeinflussten Spätbarock vollkommen umgestaltet.

Der Dom wird in erster Linie wegen der Königs- und Kaisergräber besucht, die in der ersten Seitenkapelle rechts vom Haupteingang aufgestellt sind. Auf wenigen Quadratmetern versammelt liegen hier einige der bedeutendsten Herrscherpersönlichkeiten des europäischen Mittelalters. Die beiden vorderen Sarkophage sind die letzten Ruhestätten der Staufer Heinrich IV. und Friedrich II. Dahinter liegen Roger II. und Konstanze von Hauteville, die Tochter Roger II., Gemahlin Heinrich IV. und Mutter Friedrich II. In einem antiken römischen Sarkophag wurde Konstanze von Aragón, die erste Frau Friedrich II., beigesetzt. Rechts von der Kapelle der Santa Rosalia (→ S. 105) gelangt man zum Tesoro della Cattedrale und zur Krypta. In der Schatzkammer wird die Krone Friedrich II. ausgestellt, die nach dem Vorbild byzantinischer Kaiserkronen gefertigt wurde. Er gab sie seiner Frau Konstanze mit ins Grab (Mo–Sa 9.30–17.30 Uhr, 0,5 €).
Corso Vittorio Emanuele; Bus 104, 105; Mo–Sa 7–19, So und an Feiertagen 8–13.30 und 16–19 Uhr

Wertvollste byzantinische Mosaiken schmücken die Kirche Santa Maria dell'Ammiraglio.

La Martorana (Santa Maria dell'Ammiraglio) ■ d4

Der höchste Staatsbeamte Roger II., der syrische Christ und Großadmiral Georg von Antiochia, stiftete die Kirche 1143. Der Außenbau verrät die Handschrift arabischer Bauhütten, während im Inneren der Kreuzkuppelkirche der bildliche Mosaikschmuck den Anforderungen der griechisch-orthodoxen Liturgie entspricht. Heute betritt man die Kirche durch den ursprünglich frei stehenden mittelalterlichen Glockenturm und den im 17. Jahrhundert angefügten Raum, der die Kirche der lateinischen Liturgie anpasste, nachdem sie an das von Eloisa Martorana gegründete katholische Kloster angeschlossen wurde.

Auf der linken Seite des Vorraums befindet sich das Stiftungsmosaik; es zeigt Georg von Antiochia, der die Kirche der Muttergottes weiht. Sein Gesicht ist so fein ausgeformt, als handle es sich um eine Porträtdarstellung. Auf der rechten Seite befindet sich das Krönungsmosaik Roger II. Wir sehen ihn in byzantinische Hofgewänder gekleidet. Die Priesterstola über seinem Arm weist darauf hin, dass die Normannenkönige das Recht auf apostolische Legation besaßen und Bischöfe einsetzen konnten. Das Hofzeremoniell wurde nach dem Vorbild byzantinischer Kaiser ausgerichtet, die in ihrer Person die Ämter des weltlichen Herrschers, obersten Richters und Priesters vereinten. Roger II. wird von Christus Pantokrator mit einer Krone geehrt, die an die Krone Friedrich II. aus dem Grab der Konstanze erinnert (→ S. 103). Die Gesichtszüge Rogers und die des Pantokrators ähneln sich auffallend. Eine ähnliche Darstellung ist im Dom von Monreale zu sehen (→ S. 117).

Die wertvolle mittelalterliche Mosaikausstattung der Kirche hat sich fast vollständig erhalten. Vier Kirchenfeste, die einen tieferen Bezug zur Muttergottes haben, sind wiedergegeben: die »Verkündigung«, die »Darbringung im Tempel« und in der westlichen Bogenwölbung, die »Geburt Christi« und der »Marientod«. Mittelpunkt der Ausgestaltung ist die Kuppel. In einem Medaillon wird der thronende Christus Pantokrator dargestellt, umgeben von vier Engeln. Ibn Dschubair, ein arabischer Reisender des 12. Jahrhunderts, beschreibt in seinen Erinnerungen den überwältigenden Eindruck, den der Besuch der Kirche bei ihm hinterlassen hat.

In der Martorana wird heute wieder nach orthodoxem Ritus Gottesdienst gefeiert. Die Kirche wird von den Albanern Siziliens aufgesucht und ist die Co-Kathedrale von San Demetrio in Piana degli Albanesi (→ S. 120).

Piazza Bellini 3; Bus 101, 102, 103, 104, 105; Mo–Sa 9.30–13 und 15.30–19, Messe 11 Uhr; So und an Feiertagen 8.30–13 Uhr, Messen 9.30 und 11 Uhr

Oratorio di Santa Cita ■ d3

Der 1656 im Kalsa-Viertel von Palermo geborene Stuckateur Giacomo Serpotta erhielt 1686 den Auftrag zur Ausgestaltung des Oratoriums der Santa Cita.

THEMA: Viva Santa Rosalia!

Nichts deutete auf ihren späteren Ruhm hin. Rosalia kam als Tochter des Grafen Sinibald, zur Zeit der Normannenkönige, zur Welt. Nachdem ihr Vater sich an Intrigen gegen Wilhelm I. beteiligt hatte, war Rosalias Leben am Hof verwirkt. Als Eremitin zog sie sich auf Palermos Hausberg zurück, den Djebel Grin der Araber, auf dem seit punischen Zeiten weibliche Gottheiten verehrt wurden. Hier betete sie in einer Grotte, bis sie im Jahre 1160 am 4. September starb.

Mehr als 450 Jahre später, 1624, wütete in Palermo die Pest. Die traditionellen Schutzheiligen, Agata, Cristina, Ninfa und Oliva, schienen machtlos, die Zahl der Toten stieg in die Tausende. Da erschien dem Jäger Vincenzo Bonello Rosalia und offenbarte ihm in reinstem palermitanischen Dialekt, wo ihre Knochen lagen, und versprach, die Stadt zu retten. Am 15. Juli wurden die Gebeine aufgefunden und in einer Prozession durch Palermo geführt. Die Pest wich, und Rosalias posthume Karriere begann. 1625 erfolgte ihre offizielle Anerkennung als neue Stadtpatronin. Seither feiern die Palermitaner jedes Jahr, vom 9. bis 15. Juli, ihre »santuzza«. Rosalias triumphaler Umzug gipfelt am 14. Juli in einem grandiosen Feuerwerk. Als Vizekönig Caracciolo 1738 vorschlug, einen Teil des Geldes, das die Festlichkeiten verschlingen, für den Aufbau des vom Erdbeben zerstörten Messina zu verwenden, kam es zum Aufstand. »O festa, o testa!«, schrie das aufgebrachte Volk und forderte Caracciolos Kopf.

Fern der Politik pilgern auch die in Palermo lebenden Tamilen auf den Monte Pellegrino und verehren Rosalia als »Mutter der Berge«. In der Stadt, der Kathedrale direkt gegenüber und doch zu übersehen, leben im Vicolo Brugno mehrere Generationen zusammen und vereint im Glauben an ihre Heilige, auch wenn ihnen das Dach über dem Kopf zusammenstürzt. Viva Santa Rosalia!

Eine Prozession der Santa Rosalia führt durch das volkstümliche Capo-Viertel, vorbei an der mit Jugendstilmosaiken geschmückten Bäckerei Morello.

In zehn Jahren gestaltete Serpotta die Wände und verwandelte den kleinen Raum in ein barockes Theater voller Licht und Leben. Die Mysterien des Rosenkranzes werden von Tugenden flankiert, und die ungestüme Freude der ausschwärmenden Putten ist durch nichts zu bremsen. An den Sieg der christlichen Flotte über die Türken erinnert die Darstellung der Schlacht von Lepanto auf der Stirnwand.

In der Nähe sind zwei weitere wunderschöne Kirchen zu entdecken: Santa Maria in Valverde an der Piazza Carolierdi di Malta und das Oratorio di San Domenico in der Via Bambinai (gleiche Öffnungszeiten).
Via Valverde 3; Bus 101, 102, 103, 104; Mo 15–18, Di–Fr 9–13 und 15–18, Sa 9–13 Uhr

Orto Botanico ■ e 6

Der Botanische Garten von Palermo, 1779 gegründet, empfängt den Besucher mit einem klassizistischen Lehrgebäude. Auch Goethe wandelte hier mit Begeisterung und widmete seine Gedanken der Urpflanze. Im subtropischen Klima Palermos gedeihen exotische Pflanzen besonders gut, und einige haben inzwischen riesenhafte Ausmaße erreicht. Der Botanische Garten und die benachbarte Villa Giulia sind wunderbare Orte, um der lauten Stadt für ein Weilchen zu entfliehen (→ KulTour S. 161).
Via Lincoln 2 b; Bus 139; Mo–Fr 9–17, Sa, So 8.30 bis 13.30 Uhr; Eintritt 3 €

Palazzo Chiaramonte (Palazzo Steri) ■ e 4/e 5

Der Palast wurde um 1320 von Manfred I. von Chiaramonte als Stadtresidenz seiner Familie erbaut. Die Chiaramonte, Parteigänger der Franzosen, stammten ursprünglich aus Clermont. Als einflussreichstes Adelsgeschlecht des spätmittelalterlichen Siziliens drückten sie dem 14. Jahrhundert ihren Stempel auf und prägten die Kunst und Architektur ihrer Zeit. Normannisch-arabische Elemente entwickelten sich zu einer sizilianischen Form der Gotik, dem so genannten Chiaramonte-Stil, wofür dieser Palast das beste Beispiel ist. Das unterste Ge-

MERIAN-Tipp

Palazzo Mirto *Der Palast war über vier Jahrhunderte lang die Stadtresidenz der Familie Filangeri. 1982 vermachte die letzte Erbin das Haus mit seiner gesamten Einrichtung der Regione Siciliana, verband damit allerdings die Auflage, es der Öffentlichkeit zugänglich zu machen. Ein Gang durch die Räume des Palazzo Mirto kommt einer Begegnung mit der untergegangenen Welt des »Leoparden« des Tomasi di Lampedusa gleich (Via Merlo 2; Bus 103, 105, 139; Mo–Sa 9–13 Uhr, Di, Do 9–13 und 15–17.30 Uhr, So und an Feiertagen 9–12.30 Uhr; 2,5 €).* ■ *e 4-5*

schoss unterstreicht mit seinen starken Mauern den festungsartigen Charakter des Bauwerks, weiter oben öffnen sich grazile Bogenfenster. Der letzte Spross der Chiaramonte wurde 1392 vor dem eigenen Palast geköpft. Der Bau diente in der Folgezeit den Vizekönigen als Residenz, und später war er Sitz der heiligen Inquisition.
Piazza Marina; Bus 103, 105, 139

Quattro Canti ■ cd 4
Die Quattro Canti, ein Meisterwerk barocker Inszenierungskunst, liegen am Schnittpunkt des Cassaro mit der im Jahr 1600 neu angelegten Via Maqueda. Vier konkav gekrümmte Schmuckfassaden weisen auf die Straßenkreuzung, welche die Stadt in vier annähernd gleich große Viertel (»mandamenti«) teilte. Im Untergeschoss der Fassaden sind allegorische Darstellungen der vier Jahreszeiten zu sehen, im Zwischengeschoss Statuen der spanischen Herrscher (Karl V., Philipp II., III. und IV.) und im obersten Register die vier Schutzheiligen der einzelnen Stadtviertel (Oliva, Agata, Cristina und Ninfa). Die Wappen der spanischen Adelsfamilien, die traditionellerweise die Vizekönige Siziliens stellten, bilden den krönenden Abschluss.

In unmittelbarer Nähe der Quattro Canti öffnet sich vor

An der Piazza Bellini finden sich zwei der schönsten normannischen Kirchen Palermos, die Martorana und San Cataldo.

dem Rathaus die Piazza Petoria mit einem manieristischen Brunnen. Die nackten Brunnenfiguren trugen dem Platz den volkstümlichen Namen »Piazza Vergogna«, Schandplatz, ein.
Bus 101, 102, 104, 105

San Cataldo d 4
In direkter Nachbarschaft zur Kirche Santa Maria dell'Ammiraglio ließ Maio von Bari, Großadmiral unter Wilhelm I., in den Jahren 1154 bis 1160 diese dem apulischen Heiligen Cataldo geweihte Kirche errichten. Der klar gegliederte Kubusbau lässt die hohe Meisterschaft arabischer Steinmetzkunst erkennen.
Piazza Bellini 3; Bus 101, 102, 103, 104, 105; Mo–Fr 9–15.30, Sa 9–12.30, So und an Feiertagen 9–13 Uhr

San Francesco d'Assisi e 4
Nach Bombenschäden des Zweiten Weltkriegs aufwendig restauriert, tritt uns die Kirche aus dem 13. Jahrhundert heute weitgehend in ihrer ursprünglichen Gestalt entgegen. Eine Rosette im Chiaramonte-Stil und ein gotisches Portal zieren die Fassade, während spätromanische Rundpfeiler den Innenraum gliedern. Die Cappella dell'Immacolata in der rechten Seitenapsis ist ein herausragendes Beispiel für die Kunst bunter Marmorintarsien des 18. Jahrhunderts.

Unmittelbar neben der Kirche befindet sich das Oratorio di San Lorenzo, reich ausgestattet mit Stuckarbeiten von Giacomo Serpotta. Das ehemalige Altarbild, eine »Anbetung der Hirten« von Caravaggio (1609), das letzte Werk dieses großen Meisters, wurde 1969 im Auftrag der Mafia gestohlen und gilt als zerstört.
Piazza San Francesco; Mo–Sa 7–12.30 und 16.30–18 Uhr

San Giovanni degli Eremiti a 4
Die normannische Kirche mit ihren roten Kuppeln, inmitten eines exotischen Gartens gelegen, ist eines der Wahrzeichen Palermos. Die rote Farbe der Kuppeln hat zu vielen Spekulationen Anlass gegeben. Wahrscheinlich waren die Kuppeln noch im Mittelalter vergoldet, und der rote Farbgrund gab dem dünn aufgetragenen Blattgold einen warmen Ton. Später wurde die Goldauflage nicht mehr erneuert, sondern nur noch die rote Farbe.

1148, nach Bestätigung seiner Königswürde durch Papst Innozenz II., stiftete Roger II. San Giovanni degli Eremiti als erstes römisch-katholisches Kloster Siziliens. Vom ursprünglichen Kloster hat sich lediglich die Kirche erhalten, ein klar strukturierter, aus fünf Kuben zusammengesetzter und von fünf gestelzten Kuppeln gekrönter Bau, auf dem Grundriss eines Antoniuskreuzes. Die sich seitlich anschließende Sakristei bezieht einen älteren Raum aus dem 10. Jahrhundert mit ein, bei dem es sich wahrscheinlich um den Rest einer Moschee handelt. Der angrenzende hübsche Kreuzgang stammt von einem Benediktinerkloster des 13. Jahrhunderts.
Via dei Benedittini; Bus 104, 105, 108, 109; Mo–Sa 9–13 und 15–18.30, So und an Feiertagen 9–12.30 Uhr; Eintritt 4 €

Sant'Agostino ■ c 3
Kirche und angrenzendes Kloster wurden im 14. Jahrhundert von den Familien Sclafani und Chiaramonte gestiftet. Die Fassade schmückt auch heute noch ein gotisches Portal und eine Rosette im so genannten Chiaramonte-Stil. Anfang des 18. Jahrhunderts stattete der palermitanische Stuckateur Giacomo Serpotta das Kircheninnere neu aus. Sein Einfall war es, die Tugenden als modisch gekleidete Damen der Gesellschaft wiederzugeben. Auf der Ostwand kann man die »Unterschrift« Serpottas, eine kleine Eidechse (»serpuzza«), entdecken.
Via Sant'Agostino; Mo–Sa 7–12 und 16–17.30 Uhr, So und an Feiertagen 7–12 Uhr

Santa Maria dello Spasimo ■ e 5-6
Die Kirche im Kalsa-Viertel hat eine wechselvolle Geschichte. 1536, 30 Jahre nach Baubeginn, wurde die unvollendete Kirche auf Befehl des spanischen Königs in die neuen Befestigungsanlagen mit einbezogen. Ende des 16. Jahrhunderts benutzte man das große gotische Kirchenschiff zur Aufführung von Theaterstücken, und im Pestjahr 1624 richtete man hier ein Lazarett ein. Später diente der Spasimo als Aufbewahrungsort der großen Triumphkarren für das Rosalienfest (→ S. 105). Der Prinz von Palagonia ließ ein Armenhaus einrichten. In der Nachkriegszeit füllte sich der Spasimo allmählich mit Schutt und Müll, von dem er erst vor wenigen Jahren durch die Arbeit vieler Freiwilliger befreit wurde. Palermo hat seine stimmungsvollste Bühne zurückerhalten. In der eleganten gotischen Kirche ohne Dach – man muss erst durch den Vorhof der Musikschule durchgehen – finden unter freiem Himmel Aufführungen aller Art statt.
Via dello Spasimo; tgl. 10–24 Uhr

Santo Spirito südlich ■ c 6
Die normannische Kirche wurde außerhalb der Stadtmauern 1179 im Auftrag Walter of the Mills von Zisterziensern errichtet. Spitzbogige Fenster durchbrechen den klaren Baukörper. Der Innenraum ist zisterziensisch klar gehalten, und der offene Holzdachstuhl zeigt noch Reste der ursprünglichen Bemalung. Vor dieser Kirche brach am 31. März 1282 der Aufstand gegen die verhassten Franzosen los, der als »Sizilianische Vesper« in die Geschichte eingehen sollte. Die auch unter dem Namen Chiesa dei Vespri bekannte Kirche wird seit 1782 von dem Friedhof San Orsola umgeben.
Via Santo Spirito, Cimitero San Orsola; Bus 246, 318; tgl. 9–12 Uhr

Teatro Massimo ■ c 2
Aus einer zunächst provisorischen Schließung 1974 wurden 23 lange Jahre und aus dem Teatro Massimo ein Mahnmal mafioser Kommunalpolitik und Korruption. Nach seiner feierlichen Wiedereröffnung 1997 durch den damaligen Bürgermeister Leoluca Orlando wurde das Theater zum Sinnbild des politischen und kulturellen Aufbruchs.

1868 gewann ein Palermitaner den Wettbewerb zum Bau des

Die »Annunziata« in der Galleria Regionale Siciliana ist eines der Meisterwerke Antonello da Messinas.

imposanten Musiktheaters, nach der Pariser und Wiener Oper das drittgrößte Europas. In der Jury saß auch der Deutsche Gottfried Semper. Giovan Battista Basile begann den Bau, der von seinem Sohn Ernesto 1897 vollendet wurde. Von Ernesto Basile stammt auch der Entwurf der beiden Jugendstil-Kioske auf dem Platz. Die Oper des Adels färbte bald auf die volkstümliche Opera dei Pupi (→ S. 115) ab.
Piazza Verdi; Bus 101, 102, 103, 104; Mo–Sa 9–13 Uhr, allerdings nicht während der Proben

Museen

Galleria Regionale Siciliana

■ e 5/f 5

Der Palazzo Abatellis wurde durch Bomben 1943 stark beschädigt. Dank der einfühlsamen Restaurierung des Architekten Carlo Scarpa konnte die ursprüngliche Struktur des Palastes, ein edles Beispiel katalanischer Spätgotik, wieder freigelegt werden. Die modern präsentierte Sammlung der Sizilianischen Regionalgalerie umfasst in erster Linie Gemälde und Statuen des 14. bis 16. Jahrhunderts. Im Erdgeschoss sind Plastiken der Renaissance durch einige gute Arbeiten aus der Werkstatt der Gagini vertreten. Die elegante »Büste der Eleonora von Aragón« ist ein Meisterwerk von Francesco Laurana (1471, Saal 4). Im ersten Stock befindet sich die kleine »Annunziata« (1473, Saal 10), eines der schönsten Gemälde Antonella da Messinas (→ S. 37). Von dem schlichten Gesicht der zukünftigen Muttergottes und ihrer erhobenen rechten Hand geht eine ergreifende Wirkung aus. Von der Galerie aus hat man einen besonders guten Blick auf das großartige Fresko, das den »Triumph des Todes« (Mitte 15. Jh., Saal 2) zum Thema hat. Das Fresko stammt ursprünglich aus dem Palazzo Sclafani und wurde gemalt, als der Palast zum Spital umfunktioniert wurde.
Via Alloro 4; Bus 103, 105, 139; Mo, Mi, Fr 9–13.30, Di, Do 9 bis 13.30 und 15-19.30, So und an Feiertagen 9–12.30 Uhr; Eintritt 4 €

Museo Archeologico Regionale ■ d 2-3

Das ehemalige Kloster San Filippo Neri beherbergt seit 1866 vor allem archäologische Funde aus Westsizilien.

Im Erdgeschoss gelangt man über die beiden Innenhöfe, welche der punischen und römischen Epoche gewidmet sind, zu den Sälen von Selinunt. Eine Vorstellung von der lebendigen Farbigkeit griechischer Tempel vermittelt das tönerne Tympanon mit dem Haupt der Gorgo Medusa vom Tempel C (570–560 v. Chr.), dem ältesten auf der Akropolis von Selinunt. Die Löwenkopf-Wasserspeier stammen von dem klassischen Tempel von Himera, der nach dem Sieg der Griechen über die Punier 480 v. Chr. errichtet wurde. Der nächste Saal birgt den größten Schatz des Museums: die »Metopen (→ S. 187) von Selinunt«. In diesem einen Raum lässt sich die Entwicklung der griechischen Bildhauerkunst von der Archaik über den Strengen Stil bis hin zur Klassik nachvollziehen. Die »Entführung der Europa durch den Stier« im archaischen Stil (575 v. Chr.) ist die bislang älteste bekannte Darstellung dieses Themas. Das Bild, wenn auch akkurat gearbeitet, ist noch ganz der Fläche verhaftet, und den Mund der Europa umspielt das berühmte »archaische Lächeln«. Ein Vergleich der archaischen Metope des Viergespanns mit der verwandten Darstellung des Sonnenwagens vom Tempel C (560–550 v. Chr.) macht die schnelle Entwicklung hin zu plastisch-realistischer Wiedergabe deutlich, die sich im 6. Jahrhundert v. Chr. in der griechischen Kunst vollzog. Die beiden anderen Metopen des Tempels C zeigen Perseus, der Medusa das Haupt abschlägt, und Herakles mit den Kerkopen. Die Figuren wenden sich dem Betrachter frontal zu und sind noch seltsam unbewegt, weshalb man hier auch vom Strengen Stil spricht. Die Metopen des Tempels E (460–450 v. Chr.) ziehen uns sofort in ihren Bann und fordern zur eingehenden Betrachtung heraus. Wie wird die Geschichte von Artemis und Aktaion erzählt? Verwandelt die Göttin den Jäger und Voyeur in einen Hirsch, auf dass ihn die eigenen Hunde zerreißen, oder hat sie ihm nur das Fell eines bereits erlegten Hirsches übergeworfen? Und ist es nicht merkwürdig, dass die Männern den Frauen auf die Füße treten? Die Figuren sind nicht mehr in Vorderansicht wiedergegeben, sie beschäftigen sich miteinander. Ihre Körper sind vollendet ausgebildet und bewegt, ihre Gesichter beseelt. Wir stehen hier vor Meisterwerken der klassischen Epoche, und die »Hierogamia«, die heilige Hochzeit zwischen Hera und Zeus, ist zweifelsfrei eines der schönsten Bildwerke dieser Zeit.

Im langen Korridor des ersten Stocks reihen sich punische Grabstelen in Form kleiner Tempel. Die Fronten wurden in einer naiven, frischen Manier bemalt und zeigen Bankettszenen der Verstorbenen. Ebenfalls im ersten Stock ist auch der berühmte »Bronzewidder aus Syrakus« (3. Jh. v. Chr.) aufgestellt.

Eine der schönsten Metopen von Selinunt (→ S. 111) hat die heilige Hochzeit zwischen Hera und Zeus zum Thema.

Im zweiten Stock verdienen die Abgüsse der steinzeitlichen Ritzzeichnungen (15 000 v. Chr.) aus der Grotta dell'Addaura vom Monte Pellegrino Beachtung. Jagdwild und tanzende Menschen sind dargestellt. Die Zeichnungen sind von großer Lebendigkeit und müssen den Vergleich mit der Höhlenkunst Frankreichs oder Spaniens nicht scheuen.
Piazza Olivella 24; Bus 101, 102, 103, 104; Mo, Do, Sa, So 9–13.30, Di, Mi und Fr 9–13.30 und 15–18.30 Uhr; Eintritt 4 €

Museo Internazionale delle Marionette ■ f4
Mehr als 2000 Marionetten, Stab- und Schattenpuppen aus aller Welt sind von Antonio Pasqualino hier zusammengetragen worden. Der Schwerpunkt der Sammlung liegt auf der Tradition der sizilianischen Opera dei Pupi, und es ist nicht zuletzt das Verdienst Pasqualinos, dass diese Kunst in Palermo weiterbesteht (→ S. 115).
Via Butera 1; Bus 103, 105, 139; Mo–Fr 9–13 und 16–19, Sa 9–13 Uhr, So und an Feiertagen geschl.; Eintritt 2,5 €

Hotels/andere Unterkünfte

Centrale Palace Hotel MM ■ c4
Das jüngst renovierte Hotel im Herzen von Palermo ist in seiner Klasse uneingeschränkt zu empfehlen. Großartiger Blick von der Dachterrasse auf das Häusermeer und die Kuppeln der Altstadt. Bewachter Parkplatz.
Corso Vittorio Emauele 327; 90134 Palermo; Tel. 091 33 66 66, Fax 091 33 48 81; 63 Zimmer, 6 Suiten
★★★★ AmEx DINERS EURO VISA

Letizia ■ e4
Nettes und sauberes Ein-Sterne-Hotel in der Nähe der Piazza Marina. Das leergeräumte Auto kann man auf der Straße parken.
Via Bottai 30, 90133 Palermo; Tel. und Fax 091 58 91 10; 15 Zimmer
★★ AmEx EURO VISA

Massimo Plaza Hotel M ■ d2
1998 eröffnetes Etagenhotel mit Blick auf das Teatro Massimo. Sehr gepflegt und stilvoll ein-

gerichtet. Bewachter Parkplatz.
Via Maqueda 437, 90133 Palermo;
Tel. 0 91 32 56 57, Fax 0 91 32 57 11;
11 Zimmer ★★★ AmEx EURO VISA

Essen und Trinken

Antica Foccaceria San Francesco M ■ d 4
Das älteste Restaurant Palermos, ein Juwel des Jugendstils. Wie der Name verrät, gibt es hier »foccace«, mit »méusa« (Milz) oder »panelle« (Kichererbsenfladen) gefülltes Brot. Gegenüber vom Lokal liegt die wunderschöne Chiesa di San Francesco.
Via Paternostro 58; Tel. 0 91 32 02 64
★ (keine Kreditkarten)

I Grilli ■ de 3
Das Restaurant liegt im ersten Stock eines alten Palazzo, an einem wunderschönen Platz hinter der Kirche San Domenico. Exzellente mediterrane Küche mit frischem Schwung serviert. Nach dem Essen auf einen Drink ins Grilli Giù!
Largo Cavalieri di Malta 2;
Tel. 0 91 33 41 30; Di–So, nur abends; Juli–Sept. geschl. ★★★
AmEx DINERS EURO

Einkaufen

Die Vuccirìa, der Ballarò und Capo gehören zu den schönsten Märkten des Mittelmeerraumes. Hier sind Palermos arabische Wurzeln noch lebendig.

Le Cittacotte di Vizzari ■ de 4
Die schönsten Bauten Palermos erhalten Sie hier als Architekturmodelle aus Terrakotta – ausgeführt von Vincenzo Vizzari.
Corso Vittorio Emanuele 120;
Tel. 0 91 32 49 35; Mo–Fr 9–13 und 16–19 Uhr

Allgemeine Informationen

Auskunft
AAPIT ■ c 1
Hier bekommen Sie Stadtpläne und jeden Monat neu das Informationsheft mit allen wichtigen Adressen in Palermo und der Provinz.
Piazza Castelnuovo 34;
Tel. 0 91 58 38 47 – 6 05 83 51,
Fax 0 91 58 63 38; Internet:
www.aapit.pa.it; Bus 101, 102

Ziele in der Umgebung

Bagheria und Sòlunto

■ E 2

Etwa 15 Kilometer östlich von Palermo gelegen, war Bagheria bis ins 19. Jahrhundert ein beliebter Aufenthaltsort des Adels. Den Anfang machte Giuseppe Branciforti, Prinz von Butera, als er sich 1658 in der fruchtbaren Ebene zu Füßen des Monte Catalfano eine neue Residenz errichten ließ. Die zahlreichen Adelsfamilien, die seinem Beispiel folgten und sich prachtvolle barocke Villen im Grünen errichten ließen, suchten in erster Linie, dem unerträglich schwülen Sommerklima der Hauptstadt zu entfliehen. Die bekannteste der Villen, die Villa Palagonia (1715), verdankt ihren andauernden Ruhm weniger der bewegten Architektur eines Tommaso Maria Napoli als vielmehr den bizarren Statuen, mit denen der Enkel des ursprünglichen Bauherrn das Gebäude umgeben hat. Vom selben Architekten wurde auch die Villa Valguarnera (1721) entworfen, die schönste und prachtvollste der Villen Bagherias; sie befindet sich heute noch in Privatbesitz. Hier verbrachte die Schriftstellerin Dacia Maraini ihre Kindheit, und hier fand sie das Porträt ihrer Ahnin, der taubstummen Herzogin Marianna Ucriá, die sie zur Titelheldin ihres großen historischen Romans machte. In ihrem sehr persönlichen Buch »Bagheria« prangert Dacia Maraini schonungslos die korrupte Bauentwicklung der Nachkriegszeit an. Orangenhaine, Gärten und Parkanlagen der meisten Villen sind heute unter einem Meer von Zement begraben.

Die Ruinen des antiken Solus (Sòlunto) liegen auf den Hängen des Monte Catalfano. Thukydides erwähnt die Stadt zusammen mit Panormos (Palermo) und Motye (Mozia) als eine der punischen Städte, die bereits vor der griechischen Kolonisation Siziliens bestanden hatten. Alleine wegen der herrlichen Ausblicke auf den Golf von Palermo und den Golf von Termini Imerese lohnt der Ausflug auf den Monte Catalfano.

Sehenswertes

Villa Cattolica

Die barocke Villa des 18. Jahrhunderts befindet sich im Besitz der Gemeinde Bagheria und wurde aufwendig restauriert. In den Räumen des Palastes ist die Galleria comunale d'Arte moderna e contemporanea untergebracht. Das Herzstück der Sammlung bilden die Gemälde des in Bagheria geborenen Malers Renato Guttuso (1912–1987), eines Vertreters des sozialistischen Realismus.

Via Consolare 9 (Strada Statale 113); Di–So 10–20 Uhr; Eintritt 4 €

Villa Palagonia

Nach Jahren der Verwahrlosung wurde die Villa Palagonia, im Volksmund auch Villa dei Mostri genannt, von ihren Besitzern restauriert und steht nun Besuchern offen. Die Villa weist einen außergewöhnlichen Grundriss auf, der sie sicherlich zu einer der interessantesten Bauschöpfungen Bagherias macht. Die doppelt geschwungene Eingangstreppe, ein Meisterwerk barocker Inszenierungskunst, diente vielen anderen Bauten als Vorbild. Doch nicht darin liegt ihr Ruhm begründet. Der Enkel des Erbauers, Ferdinando Franceso II. Gravina Cruylas ed Alliata, Prinz von Palagonia, ließ Mitte des 18. Jahrhunderts 220 monströse Skulpturen um die Villa herum aufstellen, von denen heute noch etwa 60 existieren. Berühmte Reisende der Zeit fühlten sich von der Villa Palagonia gleichermaßen angezogen wie abgestoßen. In der Innenausstattung offenbarte sich für Goethe schließlich »der grenzenlose Wahnsinn des Besitzers« (Brief vom 9. April 1787). So entsetzt Goethe von dem Besuch auch war, er beschäftigte sich dennoch einen ganzen Tag mit dem »Unsinn des Prinzen«, und es ist amüsant, seine Eindrücke nachzulesen.

THEMA: Opera dei Pupi und Canto Popolare

Fauchende Drachen, krummsäbelige Sarazenen und Keulen schwingende Mohren, nichts konnte ihnen widerstehen, den stolzen Paladinen Karls des Großen. Dann kam das Fernsehen und bereitete den Rittern und ihren Gegenspielern auf der Bühne der Opera dei Pupi einen schleichenden Garaus. Die »pupi«, hölzerne Marionetten mit glänzenden Rüstungen, wurden zum Antiquariatsartikel, im besten Fall zum Museumsinventar. Antonio Pasqualino, der in Palermo das Museo Internazionale delle Marionette gründete, hat viel für das Fortleben dieser Volkskunst getan (→ S. 112).

Unter den Händen von Mimmo Cuticchio (Via Bara 52) und seiner Schwester Anna (Vicolo Ragusi) werden die Puppen lebendig. Touristen halfen den Puppenspielern zu überleben, inzwischen aber haben die »pupi« die Herzen der Palermitaner zurückerobert. Wieder ertönt Kindergeschrei, wenn Orlando gegen den hinterhältigen Drachen antritt, und lautes Lachen, wenn ihm die gerettete Angelica einen lauten Schmatz auf die Lippen drückt. Die Opera dei Pupi ist ein wahres Volkstheater und Spiegel der sizilianischen Seele. Das Gute kämpft gegen das Böse und siegt fast immer.

Sizilianische Volksmusik ist nicht das Gepfeife und Gedudel, das man Corso auf und ab in Taormina hören kann. Rosa Mistretta und Vincenzo Parrino haben sich mit Leib und Seele dem Canto Popolare verschrieben. In einem barocken Palast in Palermo, inmitten des verrufenen Kalsa-Viertels, haben sie eine kleine Musikbühne aufgebaut. Vor den Konzerten bekommen die Gäste ein Glas Wasser mit einem Tropfen »zammù« (Anisschnaps) serviert (Associazione Ditirammu; Via Torremuzza 6; Tel. 09 16 17 78 65; Internet: www.infcom.it/ditirammu).

Mimmo Cuticchio lässt in der Via Bara all'Olivella die »pupi« tanzen.

Piazza Garibaldi 3; Mai–Okt. tgl. 9–12.30 und 16 bis 19 Uhr, Nov.–April tgl. 9–12.30 und 15–17 Uhr; Eintritt 2,5 €

Zona Archeologica di Sòlunto
Ein Netz sich rechtwinklig schneidender Straßen legt sich über den Berghang, die Häuser sind in Terrassenstufen angelegt – die landschafliche Lage Sòluntos bezaubert. Die parallel zum Hang verlaufende Hauptstraße ist im Bereich des Stadtzentrums terrakottagepflastert. Zwei niedrige Pfeiler sperrten den Verkehr aus und machten die Straße sowie die sich anschließende Agora zur »Fußgängerzone«. Vom Theater sind nur wenige Reste erhalten. In dem darüberliegenden Kultgebäude wurden Baal-Hamon und die Göttin Astarte verehrt, deren Statuen sich heute im Archäologischen Museum von Palermo befinden. Kleinere Funde sind im Antiquarium am Eingang der Ausgrabungszone ausgestellt. Vom nördlichen Ende der Via dell'Agora blickt man auf das Capo Zafferano und die Fischerstädtchen San Elia und Porticello hinab.
Mo–Sa 9 Uhr bis 1 Std. vor Sonnenuntergang, So und an Feiertagen 9–12.30 Uhr; Eintritt 2 €

Essen und Trinken

Francu u' Piscaturi
Den frischen Fang der Fischer von Porticello bereitet Francesco Crivello gekonnt zu. Die Colomba Platino von Corvo, ein Weißwein aus dem nahen Casteldacia, bietet sich als Begleiter an.
Largo Pescheria 16; Porticello; Tel. 0 91 95 77 58; Mo und im Nov. geschl. ★★★ AmEx DINERS VISA

Die skurrilen Figuren begründen den Ruhm der barocken Villa Palagonia (→ S. 114).

Monreale ■ D 2

Rund 10 Kilometer von Palermo entfernt und von der Piazza Indipendenza auch mit öffentlichen Bussen zu erreichen, breitet sich das Städtchen auf dem Hang des Monte Caputo aus. Der Besuch des Normannendoms mit dem benachbarten Kreuzgang zählt zu den absoluten Höhepunkten eines Sizilienreise (→ KulTour S. 164). Startet man von der Piazza Guglielmo II. aus und passiert das Schulgebäude, erreicht man das Belvedere. Im Schatten eines riesigen Ficus kann man sich erholen und den Ausblick auf die Conca d'Oro und das Meer genießen.

Sehenswertes

Chiostro di Monreale
Der Kreuzgang von Monreale, der größte und prächtigste seiner Art, entstand zeitgleich mit dem Dom und ist der einzige noch vollständig erhaltene Teil des Benediktinerklosters aus dem 12. Jahrhundert. Ein gedeckter Gang zieht sich um den großen quadratischen Innenhof, und mosaikgeschmückte Doppelsäulen tragen an jeder Seite 26 reich verzierte arabische Spitzbögen. Der Brunnen in der südlichen Ecke, seinerseits von einem Säulengeviert umstanden, sorgt für angenehme Kühlung. Die mehr als 100 Kapitelle stellen einen breiten Querschnitt romanischer Steinmetzkunst dar. Viele der Motive, die im Dom als Mosaiken auftauchen, treten uns hier als Skulpturen entgegen. Das 19. Kapitell auf der Südwestseite zeigt Wilhelm II., der der Muttergottes den Dom stiftet. Neben christlichen Motiven mit Szenen des Alten und Neuen Testaments gibt es auch eine Reihe von Darstellungen, die der islamischen oder sogar antiken Welt entstammen, wie zum Beispiel das Mithras-Kapitell in Brunnennähe auf der Südostseite.
Piazza Guglielmo II.; Mo, Di, Do 9–13 und 15–18, Mi, Fr, Sa 9–13, So 9–12.30 Uhr; Eintritt 4 €

Duomo di Monreale
→ Karte S. 167
Eine Legende erzählt, die Jungfrau Maria sei Wilhelm II. im Traum erschienen und habe ihn gebeten, ihr eine Kirche zu bauen. Praktischerweise hatte sie ihm auch gleich den Ort verraten, an dem im königlichen Jagdgebiet des »mons realis« ein Schatz vergraben lag.

Die wirklichen Gründe, die zum Bau der Kirche führten, sind jedoch viel spannender: Als Wilhelm I. starb, war sein Sohn Wilhelm II. noch ein Kind, und seine Mutter Margarete von Navarra musste die Regentschaft übernehmen. Sie konnte den politischen Aufstieg von Walter of the Mill als Erzbischof von Palermo, der die Macht des unmündigen Königs in dessen eigener Hauptstadt beschnitt, nicht aufhalten. Als Wilhelm II. volljährig war, begegnete er Walter of the Mill mit dessen eigenen Waffen. Kraft der apostolischen Legation konnte Wilhelm II. Bischöfe einsetzen – und davon machte er Gebrauch.

In unmittelbarer Nähe zu Palermo entstand in kürzester Bauzeit, wahrscheinlich zwischen 1174 und 1185, der große Komplex von Monreale, bestehend aus dem Dom, einem Kloster und Palästen für den König und den neuen Erzbischof. Einige der größten Künstler ihrer Zeit wurden zur Ausgestaltung des Doms herangezogen. Die Bronzetüren des Hauptportals schuf 1186 Bonanus von Pisa, der auch die Bronzetüren am Pisaner Dom fertigte. Das Seitenportal, ebenfalls aus Bronze, ist ein Werk von Barisanus von Trani (1179). Die trutzige Fassade folgt dem Beispiel des Doms von Cefalù (→ S. 67).

Die eigentliche Schauseite des Doms mit den reich geschmückten Apsiden weist nach Palermo, wo in jenen Jahren die neue Kathedrale (→ S. 103) von Walter of the Mill errichtet wurde. Betritt man den Innenraum der riesigen Basilika, schlägt einen die überwältigende Pracht von über 6000 Quadratmetern Goldmosaik in Bann, das Szenen des Alten und Neuen Testaments darstellt (→ KulTour S. 164).

Piazza Vittorio Emanuele (Seiteneingang); tgl. 8–12 und 15.30–18.30 Uhr; Eintritt Domschatz 1,3 €, Dächer 1,3 €

Essen und Trinken

Baby'O American Bar
Die exzellenten Brötchen werden nach Wunsch frisch belegt. Auch Tische im Freien.
Piazza Guglielmo II. 8/9; Mo geschl. ★ (keine Kreditkarten)

Monte Iato ■ D 3

Die 1998 erfolgte Eröffnung der archäologischen Zone von Monte Iato ist doppelt bedeutsam. Nicht nur eine interessante Ausgrabungsstätte, sondern eine der schönsten Landschaften der Provinz Palermo, die sich noch

MERIAN-Tipp

Prizzi *Zu Ostern ist in Prizzi der Teufel los. Wenn am Ostersonntag die Madonna und Christus in zwei Prozessionszügen aufeinander zu gehen, stürmen zwei rote Teufel und ein gelb maskierter Tod herbei, um das Treffen zu verhindern. Zwei Mal werden sie von Engeln in die Flucht geschlagen, bis es beim dritten Mal den Engeln gelingt, die Teufel zu töten und damit das Böse zu besiegen. Den Tod hat Christus durch seine Wiederauferstehung überwunden. Uralte Rituale vom Kampf des Guten gegen das Böse und der Austreibung des Winters leben hier in christlichem Gewand fort. An diesem Tag verkleiden sich auch die Kinder des Ortes als Tod und Teufel und ziehen kettenrasselnd durch die Gassen. Der Ausflug in das 1000 Meter hoch gelegene Prizzi lohnt sich nicht nur zur Osterzeit. Dicht an dicht stehen die kleinen Steinhäuser, und nur stellenweise ragt eine der Kirchen über das Dächermeer hinaus. Die Ausblicke ins Umland sind herrlich.* ■ *D3*

bis vor wenigen Jahren im Würgegriff der Mafia befand, konnte den Besuchern zugänglich gemacht werden. Ab San Cipirello sind die Ausgrabungen ausgeschildert (tgl. 9–13 Uhr; Eintritt 4 €).

Iato blieb von der Bronzezeit bis zu seiner Zerstörung im Mittelalter durchgängig besiedelt. Wie das benachbarte Segesta und Erice war Ietas ursprünglich eine Siedlung der Elymer. Die Nachbarschaft zu Selinunt führte zu einer allmählichen Hellenisierung der Stadt, die später unter römischen Einfluss geriet. Während des Mittelalters war Qalat Iati das letzte Rückzugsgebiet aufständischer Araber, die 1246 von Friedrich II. besiegt und anschließend nach Lucera in Apulien deportiert wurden.

Die Ausgrabungen auf dem Hochplateau lassen vor allem die nach griechischem Modell neu angelegte Stadt des 4. Jahrhunderts v. Chr., mit einem gut erhaltenen Theater aus dieser Zeit, das um 200 n.Chr. umgebaut wurde, erkennen. Das Theater, das ursprünglich 4400 Sitzplätze bot, lehnt am Hang und öffnet sich mit einem herrlichen Blick nach Süden auf das Landesinnere. Die 1973 ausgegrabenen überlebensgroßen Statuen aus Kalkstein, Teil der Bühnendekoration, sind im Museo Archeologico von San Cipirello ausgestellt. Bei dem einzigartigen Fund handelt sich um Mänaden und Satyrn aus dem Gefolge des Gottes Dionysos (Via Roma 320; tgl. 9–13 und 16–19 Uhr).

Ganz ähnlich wie in Prizzi müssen auch die Häuser des antiken Iato am Hang gelegen haben.

Monte Pellegrino ■ D2

Der weite Kranz von Kalkbergen, der die Conca d'Oro umschließt, findet im Nordwesten von Palermo mit dem Monte Pellegrino wieder zum Meer zurück. Für Goethe »das schönste Vorgebirge der Welt«, ist er heute ein beliebtes Sonntagsausflugsziel der Palermitaner. Zum Pilgerberg avancierte er, nachdem Rosalia (→ S. 105), die sich Mitte des 12. Jahrhunderts hier in die Einsiedelei zurückgezogen hatte, 1624 wieder erschien und Palermo von der Pest befreite. Die Grotte (429 m), in der ihre Gebeine gefunden wurden, liegt hinter einer barocken Fassade verborgen. Durch einen Vorhof, dessen Felswände über und über von Votivgaben bedeckt sind, gelangt man in die eigentliche Grotte. Im Halbdunkel liegt die lebensgroße Marmorstatue der Heiligen unter einem Glassturz. Goethe war hingerissen von dem »schönen Frauenzimmer« (6. April 1787).

Der Monte Pellegrino ist durchsetzt von Karstgrotten. Im Archäologischen Museum von Palermo (→ S. 111) sind die Reproduktionen steinzeitlicher Ritzzeichnungen zu sehen, die in der Grotta dell'Addáura gefunden wurden.

Palazzo Adriano ■ D3

Die Piazza von Palazzo Adriano ist ein stiller Star. 1989 drehte der sizilianische Regisseur Giuseppe Tornatore hier seinen Film »Cinema Paradiso«, der im darauf folgenden Jahr einen Oscar gewann. Neben Philippe Noiret als Filmvorführer Alfredo spielte Salvatore Cascio in der Hauptrolle den kleinen Jungen Totò, der mit seinen großen Augen dem Zauber des Kinos verfällt. Wie viele Statisten, die zu diesem Film beitrugen, stammt auch Salvatore aus Palazzo. Der Filmruhm ist inzwischen verflogen, und im Ort ist wieder Stille eingekehrt. Das Überraschende ist, dass Palazzo Adriano in Wirklichkeit genauso schön und idyllisch ist wie auf der Leinwand. Der Ort liegt in einer lieblichen Landschaft im oberen Sósio-Tal, das als Naturschutzgebiet jetzt helfen soll, Touristen anzuziehen. Anstatt nach Palermo zurückzukehren, kann man auch auf wunderschöner Strecke, mit dem lohnenden Umweg über Caltabellotta (→ S. 57), die Südküste erreichen.

Hotels/andere Unterkünfte

Del Viale
Einfache und sympathische Familienpension mit Trattoria.
Via XX Settembre 1; 90030 Palazzo Adriano; Tel. 09 18 34 81 64; 8 Zimmer ★(keine Kreditkarten)

Piana degli Albanesi ■ D3

Die Ortsschilder künden Piana degli Albanesi auf Italienisch und Albanisch an. Ende des 15. Jahrhunderts erhielten Gruppen von Albanern, die auf der Flucht vor den Türken ihre Heimat verlassen hatten, vom spanischen König Johann II. die Erlaubnis, sich im Hinterland von Palermo anzusiedeln. 1960 wurde ein vom Papst anerkanntes Bistum der griechisch-katholischen Religion mit Bischofssitz in Piana degli Albanesi eingerichtet. Ostern wird nach dem katholischen Kalender gefeiert. Am Palmsonntag reitet der Bischof auf einem Esel durch den Ort und segnet die Palmen.

Besonders an Wochenenden finden sich Ausflügler aus Palermo ein, die die frische Luft und die köstlichen, ricottagefüllten »cannoli«, für die der Ort berühmt ist, genießen.

Auf der Strecke nach Corleone, etwa 20 Kilometer östlich von Piana, erreicht man den Bosco della Ficuzza. Der größte zusammenhängende Eichenmischwald Siziliens, zur Zeit der Bourbonen ein königliches Jagdrevier, steht heute unter Naturschutz. Die Felswände der Rocca Busambra steigen imposant aus dem Wald empor.

Museum

Museo Civico
Das Volkskundemuseum führt in die Alltags- und Glaubenswelt der Albaner ein.
Via G. Castriota 289; Di–Fr 9.30–12.30 und 15.30–18.30, Sa 10–13, So 10–13 und 16–19 Uhr

Essen und Trinken

Trattoria San Giovanni
Hausgemachte Nudeln, delikates Lamm, kräftiger Wein und zum Nachtisch frische »cannoli«.
Via Giaccomo Matteotti 32; Tel. 09 18 57 10 70; Di geschl. ★ (keine Kreditkarten)

In den Kirchen von Piana degli Albanesi und Mezzojuso fühlt man sich nach Griechenland versetzt.

SIRACUSA UND DER SÜDOSTEN

Der Südosten Siziliens fällt gemäß der alten Dreiteilung der Insel mit dem Val di Noto zusammen und wird heute von den Provinzen Siracusa und Ragusa politisch verwaltet. Eine weit gespannte, sich nur wenige hundert Meter über das Meer erhebende Kalktafel bestimmt die Landschaft. Der helle Kalk der Monti Iblei wirft das Sonnenlicht zurück, ein Licht, wie wir es nur hier im Südosten antreffen. In

erdgeschichtlicher Vergangenheit hingen die Monti Iblei, Apulien und der Ägäisraum zusammen. Faszinierend, wenn man sich vorstellt, dass Jahrmillionen später die ausgewanderten Griechen der Antike in Sizilien auf vertrauten Boden stießen.

Eine breite Treppe, flankiert von den Statuen der Apostel, führt hoch zum Dom von Mòdica.

Flüsse haben in die Kalktafeln tiefe Schluchten gegraben, so genannte Cave. Seit der Steinzeit siedelten Menschen in diesen Tälern, aus der Bronzezeit finden wir beeindruckende Nekropolen, die größten bei Pantálica (→ MERIAN-Tipp S. 138). Während des frühen Mittelalters suchten byzantinische Mönche in den Cave Zuflucht, und die Totenstädte der Sikuler füllten sich für kurze Zeit mit neuem Leben.

In spanischer Zeit herrschten die Cabrera über weite Teile des Südostens. Im 15. Jahrhundert überließen sie ihren Bauern das Land in Erbpacht, ein sozialgeschichtlicher Sonderfall in Sizilien, das auf dem Land noch bis in die Mitte des 20. Jahrhunderts nur reiche Grundbesitzer und ein Heer verarmter Tagelöhner kannte. In den Monti Iblei entstand eine faszinierende Kulturlandschaft. Kilometerlange Trockensteinmauern trennen Acker- von Weideland und erlauben eine effektive Wechselwirtschaft.

Vielleicht ist es kein Wunder, dass gerade diese Gegend Siziliens Dichter hervorgebracht hat, wie Ibn Hamdis oder den Literaturnobelpreisträger Salvatore Quasimodo, die mit feinem Gespür die Schönheit der Landschaft beschrieben.

Mòdica ■ G 5

Die 50 000 Einwohner zählende Kleinstadt, 70 Kilometert südwestlich von Syrakus, ist ein beliebter Umschlagplatz für landwirtschaftliche Produkte. Nur wenige Städte Siziliens sind in einer solchen Harmonie mit der Landschaft gewachsen wie Mòdica. Der älteste Stadtteil zieht sich zwischen zwei Taleinschnitten den Berg hoch. Hinter den bescheidenen Häusern liegen häufig noch die Felshöhlen der Stein- und Bronzezeit. Die Landvergabe durch die Grafen Cabrera erlaubte ab dem 15. Jahrhundert die Entstehung einer finanzkräftigen Mittelschicht, die sich ebenso wie Adel und Klerus nach dem Erdbeben 1693 an dem Aufbau der Stadt beteiligte. Die neu errichteten Paläste und Kirchen kann man in Mòdica Alta vor allem entlang der Via Regina sehen. Im Tal entwickelte sich die Unterstadt Mòdica Bassa mit einer neuen Achse, dem heutigen Corso Umberto I. Viele Kirchen wurden an alter Stelle neu errichtet, ihre Hanglage mit einbezogen. Das spektakulärste Beispiel ist die Kirche San Giorgio, deren bewegte Einturmfassade am Ende einer breiten Treppenanlage förmlich in den Himmel stürmt. Der Entwurf stammt von Paolo Labisi.

Museen

Casa natale di Salvatore Quasimodo
Das bescheidene Geburtshaus des Literaturnobelpreisträgers Salvatore Quasimodo ist heute als Museum zu besichtigen.
Via Posterla 84; tgl. 10–13 und 15.30–18.30 Uhr; Eintritt 1 €

Museo Ibleo delle Arti e Tradizioni Popolari
In diesem Volkskundemuseum wurden die Werkstätten tradi-

tioneller Handwerksberufe und eine Masseria (Gutshaus) komplett wieder aufgebaut.
Via Mercé, Palazzo dei Mercedari; tgl. 10–13 und 15.30–18.30 Uhr; Eintritt 2 €

Essen und Trinken

Antica Dolceria Bonaiuto M
Die traditionsreiche Konditorei belieferte ursprünglich den Adel Mòdicas. Spezialität des Hauses ist die Bitterschokolade, die nach aztekischem, von Spaniern eingeführtem Rezept bereitet wird.
Corso Umberto I. 159;
Tel. 09 32 94 12 25; Mo geschl.

Fattoria delle Torri MM
Die beste Empfehlung ist, sich den Empfehlungen von Giuseppe Barone genussvoll auszuliefern. Als unermüdlicher Neuschöpfer der ibleischen Küche weiß er zu jedem Gang den passenden Tropfen zu kredenzen.
Vicolo Napolitano 17; Tel. 09 32 75 12 86; Mo geschl. ★★★
AmEx VISA DINERS MASTER

L'Arco
Einfache und sympathische Trattoria, die eine bodenständige ragusanische Küche pflegt.
Piazza Corrado Rizzone 11;
Tel. 09 32 75 29 98; Mo geschl. ★
AmEx DINERS VISA

Allgemeine Informationen

Auskunft
Ufficio Turistico della Contea di Mòdica
Engagierte junge Leute informieren über ihre Stadt und bieten themenspezifische Führungen durch Mòdica an.
Corso Umberto 251;
Tel., Fax 09 32 75 27 47

In der Kirche San Bartolomeo von Scicli ist eine der schönsten süditalienischen Krippen zu bewundern.

Ziele in der Umgebung

Cava d'Íspica ■ G 5

→ KulTour S. 174

Scicli ■ G 5

→ KulTour S. 173

Noto ■ H 5

Noto ist das schönste sizilianische Beispiel einer barocken Planstadt. Am Anfang stand die Katastrophe von 1693, dann folgten Jahre der Auseinandersetzung, bis man sich für den neuen Bauort an den Hängen des Meti entschieden hatte. Hangparallele Straßen wurden angelegt, die von Treppen rechtwinklig geschnitten wurden. Plätze setzten die Akzente. Während des 18. Jahrhunderts war Noto eine einzige Baustelle. Der Klerus ließ prachtvolle Kirchen und Konvente errichten, der Adel neue Paläste. Rosario Gagliardi war einer der wichtigsten Architekten des Aufbaus, die Fassaden seiner Kirchen sind heute noch Glanzpunkte im Stadtbild. Nachdem Noto 1817 seine Rolle als Hauptstadt des Südostens an Syrakus verloren hatte, setzte ein allmählicher Verfall ein. Als 1996 die Kuppel des Doms einstürzte, war das ein letzter deutlicher Fingerzeig auf den mittlerweile bedauerlichen Zustand vieler Bauten. Vielleicht blieb der Fingerzeig nicht völlig unbeachtet, denn inzwischen erstrahlen immerhin einige der Kirchen und auch der Palazzo Nicolaci nach erfolgreicher Restaurierung wieder im alten Glanz.

Hotels/andere Unterkünfte

Villa Al Canisello
Charmantes, ehemals bäuerliches Anwesen, mit steingepflastertem Innenhof und Garten. Wenige Gehminuten westlich der Altstadt von Noto gelegen.
Via Cesare Pavese 1, 96017 Noto;
Tel. 09 31 83 57 93, Fax 09 31 83 75 70;

Opulent verziert sind die Balkone des Palazzo Nicolaci in Noto.

Internet: www.canisello.it; 6 Zimmer ★★ (keine Kreditkarten)

Essen und Trinken

Trattoria del Carmine M M
Ein typischer Familienbetrieb, beliebt bei Einheimischen und Fremden. Unverfälscht tischt Signora Giselli die Spezialitäten der Monti Iblei auf.
Via Ducezio 1A; Tel. 09 31 83 87 05; Mo geschl. ★★ AmEx EURO

Cafés

Caffè Sicilia M
Die Brüder Assenza führen die Tradition der ältesten Konditorei Notos auf hohem Niveau fort.
Corso Vittorio Emanuele 125; Tel. 09 31 83 50 13

Pasticceria Costanzo M
Corrado Costanzo ist ein Meister, mehr noch, ein Magier seines Faches. Nur wenige verstehen wie er, auch die flüchtigsten Aromen im Eis einzufangen. Probieren Sie doch eine »granita di gelsomino«!
Via Silvio Spaventa 7–9; Tel. 09 31 83 52 43

Ragusa und Ragusa Ibla

■ G 5

Stadtplan → S. 129
Mit Beginn der griechischen Kolonisation zogen sich die Sikuler mehr und mehr von den Küsten ins Landesinnere zurück. Wo sich heute Ragusa Ibla erhebt, entstand in jener Zeit eine befestigte Sikulersiedlung. Die Stadt unterhielt enge Handelsbeziehungen zu den Griechen Kamarinas, deren Kultur nach und nach assimiliert wurde, bis die Stadt schließlich den Namen Hybla Heraia annahm. Während der Name sich im Lauf der Zeit von Hereusium, Reusia, Rakkusa zu Ragusa veränderte, blieb der

MERIAN-Tipp

Noto Antica *Die Fahrt über San Corrado di Fuori und Santa Maria delle Scale führt durch schöne Landschaften, und wenn man von Noto Antica nach Noto zurückkehrt – eine Entfernung von rund zehn Kilometern –, sollte man unbedingt die Strecke über Testa dell'Acqua wählen. Noto Antica liegt auf dem herzförmigen Plateau des Monte Alveria, dessen Vorzüge als natürliche Festung früh erkannt wurden. Sikulische, griechische und römische Nekropolen deuten auf eine durchgehende Besiedlung seit dem 9. Jahrhundert v. Chr. hin. In spanischer Zeit galt Noto als uneinnehmbar. Stolz stand an der Porta della Montagna die Inschrift: »NETUM INGENOSA. URBS NUNQUAM VI CAPTA.« Nicht Feinde brachten Noto zu Fall, sondern das furchtbare Erdbeben am 10. Januar 1693 zerstörte die Stadt über Nacht. Das neue Noto wurde als barocke Planstadt weiter südlich auf den Hängen des Meti errichtet (→ S. 126). Über den verlassenen Ruinen liegt heute ein stiller Friede.* ■ *H5*

Ort bis zu seiner Zerstörung durch das Erdbeben 1693 durchgehend bewohnt.

Der alteingesessene Adel zog es vor, die Stadt auf dem Hügel wieder aufzubauen, die Handelsherren hingegen favorisierten die völlige Neuplanung auf dem flach geneigten Plateau oberhalb der zerstörten Stadt. Da es zu keiner Einigung kam, entstanden zwei Städte: die neue und die wieder aufgebaute.

Ein malerischer Treppenweg verbindet das höher gelegene Ragusa mit Ibla. Vorbei an der Kirche Santa Maria delle Scale, gelangt man auf die Piazza della Repubblica mit der Chiesa del Purgatorio. Am unteren Ende der Piazza Duomo liegt das hübsche Gebäude des Adelszirkels und der Stadtpalast des Barons De Spuches, der sich im 19. Jahrhundert den Palazzo di Donnafugata als Sommersitz ausbauen ließ (→ KulTour S. 173). Der Giardino Ibleo, am östlichen Ende der Stadt, ist ein herrlicher Ort zum Verweilen. Von hier genießt man einen weiten Blick über das Irmínio-Tal. Am Eingang zum Stadtpark steht das Portal der alten Georgskirche.

Hotels/andere Unterkünfte

Mediterraneo Palace ■ a 2
Modernes und sehr gepflegtes Hotel an der Haupteinkaufsstraße. Eingeschränkte Parkmöglichkeiten.
Via Roma 189; 97100 Ragusa; Tel. 09 32 62 19 44, Fax 09 32 62 37 99; 92 Zimmer ★★★ AmEx DINERS VISA

Rafael ■ b 2
Das Hotel besitzt auch eine Dependance in einer stillen Seitengasse, in der die Einzelzimmer untergebracht sind. Hier liegt außerdem das Restaurant, das gute ibleische Küche bietet.
Corso Italia 40; 97100 Ragusa; Tel. 09 32 65 40 80, Fax 09 32 65 34 18; 23 Zimmer ★★ AmEx DINERS VISA

Essen und Trinken

Il Barocco ■ e 2
Freundliches Lokal, das die gute Küche der Iblei vertritt: »antipasto rustico« und ragusanischer Käse vom Grill, mit Ricotta gefüllte Ravioli als »primo«, zum »secondo« Lamm, Schweinefleisch und gute Würste mit frischem Gemüse als Beilage. Ricottagefüllte »cannoli« oder eine »cotognata« (Quittengelee) beschließen das Mahl.
Via Orfanotrofio 29 – Ragusa Ibla; Tel. 09 32 65 23 97; Mi und im Aug. geschl. ★★ AmEx DINERS EURO VISA

Allgemeine Informationen

Auskunft
AAPIT ■ d 2
Das Fremdenverkehrsamt ist in Ragusa Ibla im mit Balkonen reich geschmückten Palazzo La Rocca untergebracht.
Via Capitano Bocchieri 33; Tel. 09 32 62 14 21, Fax 09 32 62 34 76; www.ragusaturismo.com

Ziel in der Umgebung

Noto Antica ■ H 5

→ MERIAN-Tipp S. 127

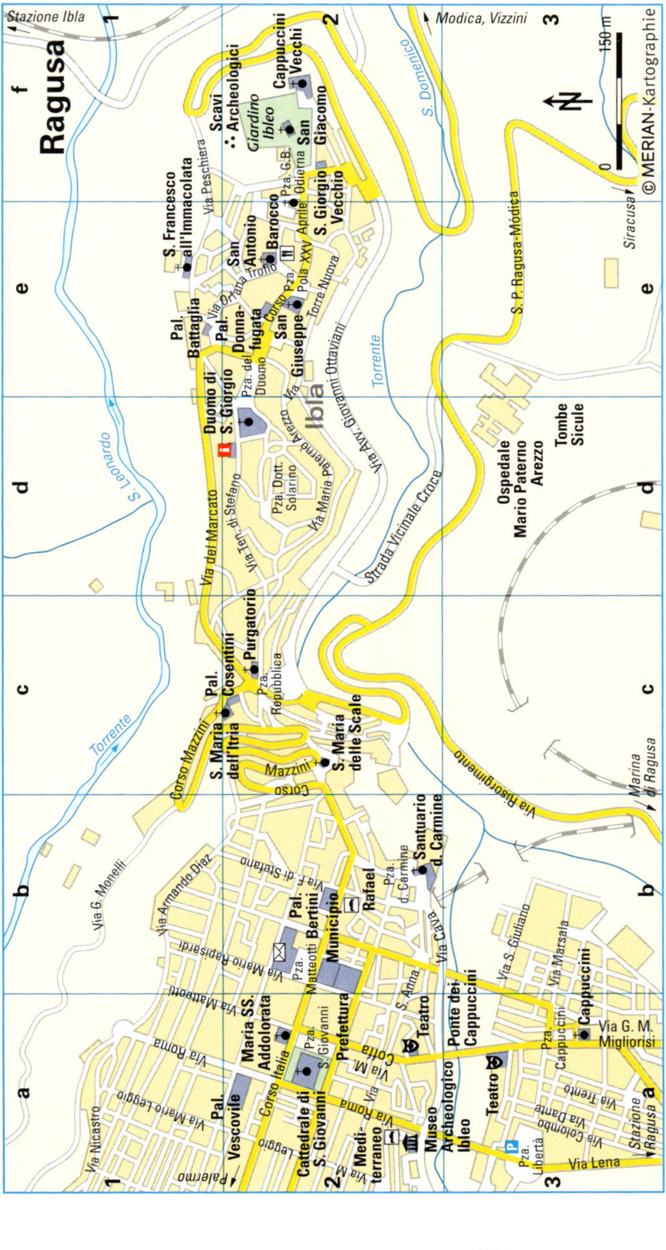
Ragusa
Ibla
Stazione Ibla
Modica, Vizzini
Siracusa
Marina di Ragusa
Stazione Ragusa
Palermo
S. Francesco all'Immacolata
Scavi Archeologici
Giardino Ibleo
Cappuccini Vecchi
San Giacomo
S. Giorgio Vecchio
San Antonio
Barocco
Pal. Battaglia
Pal. Donnafugata
San Giuseppe
Duomo di S. Giorgio
Pal. Cosentini
Purgatorio
S. Maria dell'Itria
S. Maria delle Scale
Santuario d. Carmine
Pal. Bertini
Municipio
Rafael
Prefettura
Maria SS. Addolorata
Cattedrale di S. Giovanni
Pal. Vescovile
Mediterraneo
Museo Archeologico Ibleo
Teatro
Ponte dei Cappuccini
Cappuccini
Ospedale Mario Paterno Arezzo
Tombe Sicule
Via del Marcato
Corso Mazzini
Corso Italia
Via Roma
Via Risorgimento
Strada Vicinale Croce
S. P. Ragusa-Modica
Via Avv. Giovanni Ottaviani
Via Peschiera
Torrente
S. Leonardo
S. Domenico
Via G. Monelli
Via Armando Diaz
Via Mario Rapisardi
Via Matteotti
Via Mario Leggio
Via Nicastro
Via Lena
Via Colombo
Via Dante
Via Trento
Via Marsala
Via S. Giuliano
Via Cava
Via G. M. Migliorisi
Pza. Libertà
Pza. Cappuccini
Pza. Repubblica
Pza. Matteotti
Pza. S. Giovanni
Pza. d. Carmine
Pza. Pola
Pza. G.B. Odierna
Pza. Dott. Solarino
Pza. del Duomo
150 m
© MERIAN-Kartographie

Siracusa/Syrakus ■ H 4

Stadtpläne → S. 133 und 137
Siziliens Kunstmetropole heißt Syrakus. Keine andere Stadt auf der Insel ist so reich an Kunst- und Kulturschätzen aus den unterschiedlichsten Epochen. Syrakus wurde 735 v. Chr. von korinthischen Auswanderern gegründet. Ein Orakelspruch aus Delphi hatte Archaias, dem Anführer des Unternehmens, Größe und Reichtum prophezeit. Von seinem ursprünglichen Kern auf der Insel Ortygia (»Wachtelinsel«), dehnte sich Syrakus auf das Festland aus, und Mitte des 7. Jahrhunderts v. Chr. wurden bereits die Pflanzstädte Akrai (→ S. 138), Kasmenai und Kamarina gegründet.

Die Blütezeit von Syrakus begann unter der Herrschaft des Tyrannen Gelon, der 480 v. Chr. bei Himera über die Karthager siegte. Dem Tyrannen Dionysios I. gelang es Anfang des 4. Jahrhunderts v. Chr., den Einfluss der Karthager auf Sizilien endgültig zurückzudrängen und damit die Vormachtstellung von Syrakus, auch den anderen Griechenstädten gegenüber, zu sichern. Hieron II., der letzte große Herrscher von Syrakus und treue Bündnispartner Roms, starb 215 v. Chr. im Alter von 92 Jahren nach 54-jähriger Regierungszeit. Seine Nachfolger wendeten sich gegen Rom, und nach langer Belagerung gelang es dem Konsul Marcellus 211 v. Chr., die Stadt einzunehmen. Das berühmteste Opfer dieses Krieges war Archimedes (→ S. 36). Obwohl Syrakus als Sitz des Prätors Provinzhauptstadt wurde, setzte bereits in römischer Epoche der unaufhaltsame Niedergang ein. In byzantinischer Zeit war die ehemals größte Stadt der griechischen Antike wieder auf die Größe der Ortygia geschrumpft. Die Bischofskirche wurde von San Giovanni in den ehemaligen Athena-Tempel verlegt. Einen weiteren Bedeutungsverlust musste Syrakus zur Zeit der Araber hinnehmen, die Palermo zur Hauptstadt Siziliens machten.

Die moderne Stadt Syrakus bedeckt nur einen Teil des antiken Stadtgebietes. Heute wie in der Antike befindet sich die Altstadt auf der Ortigia, die durch zwei Brücken mit dem Festland verbunden ist. Weder Zeit noch Verfall haben dem historischen Zentrum mit seinen Palästen, Gassen, Höfen, Plätzen und dem Blick auf den Porto Grande und das weite Meer seinen Charme nehmen können. Hier verspürt man noch etwas von der Weltoffenheit der alten Metropole.

Sehenswertes

Castello Maniace ■ b 6, S. 133
Nach Abschluss der Restaurierungsarbeiten zu besichtigen. Auf der südlichsten Spitze der Halbinsel Ortigia, ließ Friedrich II. an Stelle einer älteren, vom byzantinischen General Georg Maniakes errichteten Festung zwischen 1232 und 1240 ein

Ein Tempel als Kirche: Die perfekt erhaltenen Säulen des Athena-Tempels stützen den Dom von Syrakus.

neues Kastell errichten (nicht zu verwechseln mit der gleichnamigen ehemaligen Benediktinerabtei bei Bronte, MERIAN-Tipp → S. 64). Der quadratische Bau wird von vier Ecktürmen flankiert. Trotz zahlreicher Umbauten strahlen einige der gewölbten Räume immer noch die unverfälschte, kraftvolle Harmonie der staufischen Architektur aus.

Catacombe di San Giovanni ■ c 1, S. 133

Syrakus entwickelte sich in der Spätantike zu einem der frühesten Zentren des Christentums. Von seiner Bedeutung zeugen die ausgedehnten Katakombenanlagen. Die Catacombe di San Giovanni entstanden im 4. Jahrhundert entlang einer antiken griechischen Wasserleitung, die verbreitert wurde und von der ein weit verzweigtes Netz von Gängen fortführt.

Aus der Ruine der Kirche San Giovanni kann man zur Krypta des San Marciano hinabsteigen. Der Märtyrer und erste Bischof von Syrakus liegt hier begraben. Im Jahre 61 soll der Apostel Paulus hier gepredigt haben.

Via San Giovanni; Mi–Mo 9–12 und 14.30–16.30 Uhr; Eintritt 2 €

Duomo ■ b 4, S. 133

Die leicht erhöhte Stelle, die heute vom Domplatz eingenommen wird, war immer schon der Mittelpunkt des religiösen und bürgerlichen Lebens. Wirkungsvoll setzt sich die barocke Piazza Duomo in Szene, umgeben vom Erzbischöflichen Palais, der Kirche Santa Lucia alla Badia, dem Palazzo Beneventano und dem Palazzo del Senato. Die plastische Tiefe der Domfassade, ein Meisterwerk des palermitanischen Architekten Andrea Palma, kommt am besten im goldenen Licht des Nachmittags zur Geltung. Die Statuen stellen den hl. Marcian, ersten Bischof von Syrakus, und die hl. Lucia, syrakusanische Märtyrerin und Stadtpatronin, dar. Ihr ist der Dom geweiht.

Betritt man den Dom, so findet man sich unvermittelt in einem dorischen Tempel wieder, errichtet um 470 v. Chr. zur Zeit des Tyrannen Gelon. Der Tempel sollte an den Sieg über die Karthager 480 v. Chr. bei Himera erinnern und war Athena geweiht. Im 7. Jahrhundert wurde die Kathedrale von der Kirche San Giovanni hierher verlegt, die Cellawände des Tempels in Bogenform durchbrochen und die Säulenzwischenräume vermauert. Bei dem Erdbeben 1693 stürzten die Apsis und die Fassade ein und wurden daraufhin barock erneuert.

Der Dom von Syrakus ist steingewordene Geschichte der schönsten Art, jede der perfekt erhaltenen dorischen Säulen eine Skulptur für sich.

Piazza Duomo – Ortigia

Fonte Aretusa ■ ab 5, S. 133

Eine einzige Süßwasserquelle entspringt auf der Ortigia, lebenswichtig für die Entwicklung der antiken Stadt. Die Griechen beschrieben das Phänomen mit dem Mythos der Nymphe Arethusa, den auch der klassizistische Brunnen auf der Piazza Archimede zum Thema hat.

Siracusa-Ortigia
Porto Piccolo
Darsena
Riva N. Sauro
Via Eritrea
Pza. della Posta
Via Trieste
Via Lanza
Via Trento
Ponte Nuovo
Via E. de Benedictis
Via Dione
Lungomare di Levante
Via Vittorio Veneto
Stazione, Basilica e Catacombe di San Giovanni, Museo del Papiro, Parco Archeologico, Museo Archeologico Reg.
Pza. Pancali
Largo XXV Luglio
Tempio di Apollo
Via Resalibera
Riva Garibaldi
Via dei Mille
Via XX Settembre
Vle. Mazzini
Via Savoia
Basilica di San Pietro Apostolo
Via Mirabella
San Tommaso
Corso Matteotti
Grand Hotel
Domus Mariae
San Filippo Neri
Via Arezzo
Pza. Porta Marina
S. Maria dei Miracoli
Via Cavour
Via Dione
Pal. Gargallo
Via dei Tolomei
Isole dei Cani
Porta Marina
Via Gemmellaro
Via Scina
Pal. Montalto
Pza. Archimede
Fontana di Artemide
San Francesco
Via della Maestranza
Pal. Impellizzeri
Foro Vittorio Emanuele II
Pal. Lanza
Porto Grande
Pal. Beneventano del Bosco
Pesco Mare
Via Roma
Via Crocifisso
Via della Giudecca
Municipio
Passeggio Adorno
Via Minerva
San Giovanni Battista
Pza. Duomo
Duomo S. Maria d. Colonne
Enoteca Solaria
Via M. Minniti
Pal. Arcivescovile
Via Larga
San Giuseppe
Via Nizza
Via Eolo
Via Picherali
Via G. Zummo
Via Galilei
Santa Lucia alla Badia
Via Roma
Orto di Epicuro
P. Aretusa
Via Capodieci
Galleria Regionale di Palazzo Bellomo
Fonte Aretusa
Lungomare Alfeo
Via Castello Maniace
V. S. Teresa
Via Salomone
Lungomare d'Ortigia
Spirito Santo
Via Abela
Ionian Sea
Castello Maniace
Malta
N
0
150 m
a
b
c
1
2
3
4
5
6
©MERIAN-Kartographie

Die Fonte Aretusa und der sich anschließende Lungomare Alfeo sind heute die schönste Flaniermeile der Stadt.

Parco Archeologico della Neàpoli ■ a 1/b 2, S. 137

In dem archäologischen Gebiet sind das römische Amphitheater, der Opferaltar Hierons II., einer der antiken Steinbrüche mit dem »Ohr des Dionysios« und das große griechische Theater zu sehen.

Anfiteatro Romano (b 2): Das monumentale Amphitheater wurde zur Zeit des Augustus im 1. Jahrhundert n. Chr. errichtet und ist nur wenig kleiner als die Arena von Verona. Erhalten haben sich allein die aus dem anstehenden Fels geschlagenen Teile. In der rechteckigen Grube in der Arenamitte, zu der ursprünglich zwei Gänge führten, wurden Hebemechanismen aufgebaut, die zur Inszenierung der Spektakel nötig waren.

Ara di Ierone II. (b2): Dieser riesige Altar mit einer Länge von 198 Metern wurde im 3. Jahrhundert v. Chr. zur Regierungszeit Hierons II. errichtet. Auch hier hat sich nur die aus dem anstehenden Fels geschlagene Basis erhalten. Zu erkennen ist noch eine der seitlichen Rampen, auf der die Opfertiere hochgeführt wurden. Jedes Frühjahr wurden dem Zeus Eleuterios 450 Stiere geopfert.

Latomia del Paradiso und Orecchio di Dionigi (d 1): Im griechischen Syrakus wurde das Baumaterial in unterirdischen Latomien (griech. »Steinschneidereien «) gewonnen, da sich der Kalkstein feucht leichter schneiden ließ. Sträflinge und Kriegsgefangene wurden dazu verur-

Viele der alten Paläste auf der Halbinsel Ortigia weisen schöne Innenhöfe auf. In einigen finden sich lauschige Plätze zum Essen.

teilt, die Arbeiten in den dunklen Stollen auszuführen. Einer dieser Stollen ist das berühmt-berüchtigte »Ohr des Dionysios« mit seiner einzigartigen Akustik. Die Geschichte, der Tyrann hätte die Höhle als Gefängnis bauen lassen, um von außen die Gefangenen zu belauschen, geht auf den fantasiebegabten Maler Caravaggio zurück, der sich 1608 auf seiner Flucht aus Malta kurzzeitig in Syrakus aufhielt. Der Stollen folgte ursprünglich einer S-förmigen Wasserleitung, wurde dann tiefer gelegt und erweitert. An den Seitenwänden lassen sich noch deutlich die treppenförmigen Abbauspuren erkennen. Paradiesisch wurden die Zustände im Steinbruch erst, nachdem die Stollendecken einstürzten und das entstandene offene Treibhaus für die Anlage eines Gartens genutzt wurde.

Teatro Greco (a 1/a 2): Das Theater wurde im 3. Jahrhundert v. Chr., zur Zeit Hieron II., in seiner heutigen Form errichtet. Das Halbrund der Sitzreihen hat man fast vollständig aus dem anstehenden Fels geschlagen. Die aus Blöcken errichteten obersten Sitzreihen und Reste des Bühnengebäudes wurden 1526 auf Befehl Karl V. abtransportiert und zur Befestigung der Ortigia verwendet. Das Theater bot ursprünglich 15 000 Zuschauern Platz, und hier erlebten einige Tragödien des Aischylos und die Komödien des Epicharmos ihre Uraufführung. Seit 1914 werden inzwischen jedes Jahr im Juni die antiken Dramen in italienischer Sprache aufgeführt. Auch wenn man die Texte nicht versteht, ist es ein beeindruckendes Erlebnis, in klassischem Ambiente diejenigen Dramen mitzuverfolgen, die bereits vor 2500 Jahren aufgeführt wurden.

Largo Anfiteatro; tgl. 9 Uhr bis 1 Std. vor Sonnenuntergang; Eintritt 4 €

Tempio di Apollo ■ b 2, S. 133

Largo XXV Luglio – Ortigia

Der älteste dorische Tempel Westsiziliens wurde zu Beginn des 6. Jahrhunderts v. Chr. errichtet und war Apollon geweiht. Deutlich erkennt man seine archaischen Merkmale: die monolithischen Säulen mit flachen Kanneluren (→ S. 186) stehen eng aneinander gereiht, die Kapitelle sind weit ausladend.

Die Vorderfront wird durch eine vorgelagerte Säulenhalle betont. In byzantinischer Zeit wurde der Tempel zur Kirche umgebaut, in islamischer Zeit entstand daraus eine Moschee, die Normannen weihten ihn erneut zur Kirche. Im 16. Jahrhundert befestigten die Spanier Ortigia, um der Gefahr der Türkenüberfälle zu begegnen, und der Apollon-Tempel wurde in die Verteidigungsanlagen mit einbezogen. Erst 1942 wurden seine Baureste endgültig von späteren Umbauten befreit.

Via della Maestranza

■ bc 3, S. 133

Von der Piazza Archimede zieht sich die Via Maestranza bis zum Belvedere am Meer. Die schönsten Barockpaläste der Ortigia finden sich hier. Den Abschluss bildet der Palazzo Impellizzeri, dessen Fassade von grotesken Köpfen gekrönt wird.

Museen

Gabinetto Numismatico
■ b 4, S. 133

Die Griechen führten im westlichen Mittelmeerraum das Münzwesen ein, und die in Syrakus geprägten Münzen zählen zu den schönsten der Welt. Am bekanntesten ist die Tetradrachme mit dem Haupt der Arethusa, umgeben von Delfinen.

Sopraintendenza ai Beni Culturali, Piazza Duomo 6 – Ortigia; Mo–Fr 9–13, Mi auch 16–18 Uhr; Eintritt frei

Galleria Regionale di Palazzo Bellomo
■ b 4, S. 133

Im staufischen Palast sind Skulpturen und Gemälde ab dem Mittelalter ausgestellt. Zu den herausragenden Werken zählen eine »Verkündigung« (1474) von Antonello da Messina und die »Grablegung der Santa Lucia« (1608) von Caravaggio.

Via Capodieci 16 – Ortigia; Mo–Sa 9–14, So und an Feiertagen 9–13 Uhr; Eintritt 4 €

Museo Archeologico »Paolo Orsi«
■ c 1, S. 137

Anschaulich beginnt die chronologische Präsentation mit der geologischen Entstehung Siziliens. Fossilienfunde von Zwergelefanten geben dem Mythos der Zyklopen eine neue Deutung. Die Geschichte des Menschen in Ostsizilien lässt sich von seinem steinzeitlichen Auftreten bis in die römische Zeit nahtlos verfolgen. Herausragende Exponate sind die Grabbeigaben und skulptierten Grabplatten der Bronzezeit, die Statue der Erdmutter aus Megara Hyblaea (Mitte 6. Jahrhundert v. Chr.) und die römische Marmorkopie einer Statue der Aphrodite.

Viale Teocrito; Mo 15.30–18.30, Di–Sa 9–13 und 15.30–18.30, So 9–13 Uhr; Eintritt 4 €

Museo del Papiro
■ c 1, S. 137

Das einzige Museum der Welt, das sich ausschließlich Cyperus papyrus widmet.

Viale Teocrito 66; Di–So 9–14 Uhr; Eintritt frei

Hotels/andere Unterkünfte

Domus Mariae
■ c 2, S. 133

Gemütliches Hotel auf der Halbinsel Ortigia direkt am Meer.

Via Vittorio Veneto 76; 96100 Siracusa; Tel. 0 93 12 48 54, Fax 0 93 12 48 59; 12 Zimmer ★★★ AmEx DINERS EURO VISA

Grand Hotel
■ a 2, S. 133

Hotel mit Traumlage, direkt am Porto Grande. Die Zimmer sind mit allem Komfort ausgestattet. Ein Schiff bringt Hotelgäste kostenlos zu einem Privatstrand auf der Peninsola della Maddalena.

Viale Mazzani 12; 96100 Siracusa; Tel. 09 31 46 46 00, Fax 09 31 46 46 11; 58 Zimmer ★★★ AmEx DINERS EURO VISA

Essen und Trinken

Orto di Epicuro
■ c 4, S. 133

Einfaches und gutes Fischlokal auf der Ortigia mit Blick über das Meer auf das Castello Maniace.

Largo della Gancia 5; Tel. 09 31 46 42 22; Während der Wintermonate Mi geschl. ★★ AmEx DINERS VISA

Pesco Mare ■ b 3, S. 133
Nettes Lokal mit romantischem Innenhof.
Via Landolina 6; Tel. 0 93 12 10 75;
Mo geschl. ★★ AmEx DINERS VISA

Allgemeine Informationen

Auskunft
APT ■ b 3, S. 133
Via Maestranza 33; Tel.
0 93 16 52 01, Fax 0 93 16 02 04
www.apt-siracusa.it

Ziele in der Umgebung

Castello Eurialo ■ H 4

Etwa 8 Kilometer außerhalb von Syrakus, an der Straße Richtung Belvedere, liegt das Castello Eurialo. Nach dem Krieg gegen Athen 415 bis 413 v. Chr. wurde Syrakus von Dionysios I. mit einer 27 Kilometer langen Mauer zu umgeben. Auf einem Hochplateau wurde das Kastell Euryalos, die größte Festungsanlage, die die griechische Antike je gesehen hat, errichtet.
Frazione Belvedere; tgl. 9 Uhr bis 1 Std. vor Sonnenuntergang; Eintritt frei

Fiume Ciane ■ H4

Von einer Karstquelle gespeist, mündet die Ciane nach kurzem Lauf in den Porto Grande bei Syrakus. Den Reiz des kleinen Flüsschens macht sein exotischer Uferbewuchs aus. Seit die Ptolemäerkönige Ägyptens den Papyrus Hieron II. zum Geschenk machten, ist die Pflanze hier heimisch. Von der Staatsstraße 115 biegt man auf Höhe der Brücken am Kanal ab, folgt ihm flussaufwärts und quert das kurze Stück, bis man die Ciane erreicht, ein wunderbarer Ort für stille Spaziergänge.

Palazzolo Acreide ■ G4

Die Stadt wurde 664 v. Chr. mit dem Namen Akrai von Syrakus zur Sicherung des Hinterlandes gegründet. Auf der ehemaligen Akropolis hat sich das kleine Theater aus dem 3. Jahrhundert v. Chr. fast perfekt erhalten (tgl. 9 Uhr bis 1 Std. vor Sonnenuntergang, Eintritt 2 €). Die Aussicht weist auf die Ebene von Catania und den Etna. Alljährlich in der letzten Maiwoche führen hier Studenten antike Dramen und Komödien auf. Die Inszenierungen sind unterhaltsamer als jene in Syrakus (→ S. 135), und die Spektakel sind kostenlos.

Hinter dem Theater erstrecken sich die antiken Steinbrüche, die in byzantinischer Zeit als Nekropolen genutzt wurden.

Das 670 Meter hoch gelegene Städtchen tritt uns mit einem heiteren Barock entgegen. Zahlreiche schöne Kirchen und Paläste sind zu entdecken. Zwei Patrone wetteifern um die Gunst der Bürger: Am 29. Juni wird San Paolo, am 10. August San Sebastiano gefeiert. Mit dem grandiosen Feuerwerk versuchen sich die Anhänger jedes Jahr aufs Neue gegenseitig zu überbieten.

MERIAN-Tipp

Pantálica – lebendige Stadt der Toten *Bereits die Anfahrt über Ferla ist ein landschaftliches Erlebnis und führt uns in das Herz der Monti Iblei. Aus dem Barockstädtchen Ferla zweigt eine Stichstraße auf das Hochplateau von Pantálica ab. Zu drei Seiten von tiefen Talschluchten umgeben, war diese natürliche Festung 500 Jahre lang Zentrum der bedeutendsten bronzezeitlichen Kultur Siziliens. Die mehr als 5000 Grabhöhlen, die den hellen Kalkfels wie Bienenwaben durchlöchern, stammen aus dem 13. bis 8. Jahrhundert v. Chr. Im Archäologischen Museum von Syrakus sind einige der wertvollen Grabfunde ausgestellt (→ S. 136). An höchster Stelle des Plateaus finden sich die einzigen Baureste der sikulischen Stadt Hybla, die mächtigen Grundmauern eines Palastes, des so genannten Anaktoron. Spuren einer Bronzeschmiede wurden hier ausgegraben. Schön angelegte Wege führen an den Nekropolen vorbei, die in byzantinischer Zeit teilweise bewohnt waren.* ■ *H4*

TAORMINA

■ H 3

Stadtplan → S. 141

Früh am Morgen und am späten Nachmittag genießt man die schönsten Blicke aus dem Teatro Antico von Taormina.

Der Ort ist ein Mythos, an dem die Landschaft, das antike Theater und die kultivierten Reisenden vergangener Tage gleichermaßen ihren Anteil haben. Der Blick aus dem griechisch-römischen Theater auf die Bucht von Naxos und den Etna ist das wohl bekannteste Motiv Siziliens. Was heute den Besucher fasziniert – die Lage hoch über dem Meer und die weite Aussicht –, waren früher überlebenswichtige Faktoren.

Taormina, das auf einer Terrasse des Monte Tauro liegt, galt als uneinnehmbare Festung. Der Bau des griechischen Theaters fällt in die Zeit des 3. Jahrhunderts v. Chr., ihre Blüte erlebte die Stadt allerdings in römischer Epoche. Das Theater wurde im 2. Jahrhundert v. Chr. erweitert und vollkommen umgebaut. Ein kleines Odeion aus römischer Kaiserzeit ist hinter der Kirche Santa Caterina zu entdecken.

Ende des 18. Jahrhunderts rückte die Stadt in den Blickwinkel berühmter Reisender. Goethe schilderte begeistert das antike Theater, das – auf Stichen vielfach abgebildet – schnell zur berühmtesten Ruine Siziliens avancierte. Den eigentlichen Touristenboom löste jedoch der deutsche Baron Wilhelm von Gloeden aus, der 1878 nach Taormina kam und hier 1931 starb. Seine sinnlichen Fotografien gut gebauter Knaben vor antiken Kulissen waren in Berlin, Paris, London und New York zu sehen und entzündeten die Reiselust von Adeligen, Reichen, Bohemiens und Künstlern gleichermaßen. Die große Welt kam nach Taormina, um hier den milden Winter zu verleben.

Das alles ist heute Geschichte, die Touristen kommen inzwischen im Sommer und zwar in Massen. Es ist ein Wunder, dass Taormina seinen Charme trotzdem nicht verloren hat. Am charmantesten erlebt man das Städtchen natürlich weiterhin außerhalb der Hauptreisezeit.

Der lange Corso zieht sich durch die ganze Stadt, von balkongeschmückten Häusern, gut sortierten Geschäften und Cafés gesäumt. Wer etwas Ruhe sucht, flüchtet in die schmalen Gassen oder in den wunderschönen Park, den Lady Trevelyan der Stadt vermacht hat. Treppenwege, aber auch eine Seilbahn verbinden Taormina mit den Badebuchten in Mazzarò.

MERIAN-Tipp

Santi Pietro e Paolo *Einsam liegt in dem Tal, das Forza d'Agrò von Casalvecchio Siculo trennt, eine von Roger II. 1116 gestiftete und den Aposteln Petrus und Paulus geweihte Basilianerkirche. Schlanke, ineinander verschränkte Blendarkaden lockern die Außenwände auf, die durch die geschickte Verwendung des Baumaterials – schwarzes Lavagestein, weißer Kalkstein und rote Ziegel – die Kirche zu einem Schmuckkästlein machen. Diese reizvolle Art der Wandgestaltung begegnet einem übrigens in vielen Bauten Taorminas. Der geschlossene Baukörper und die turmförmige Mittelapsis verleihen dem Gebäude gleichzeitig etwas Wehrhaftes. Im Innenraum sorgt das gekonnte Spiel der architektonischen Linien und des Lichteinfalls dafür, dass die Kuppeln wie Prismen wirken. Die Kirche lässt sich von Casalvecchio Siculo aus mit dem Auto erreichen. Die Kustoden, die den Schlüssel verwahren, wohnen im Gebäude nebenan und freuen sich über eine kleine Spende.* ■ *H3*

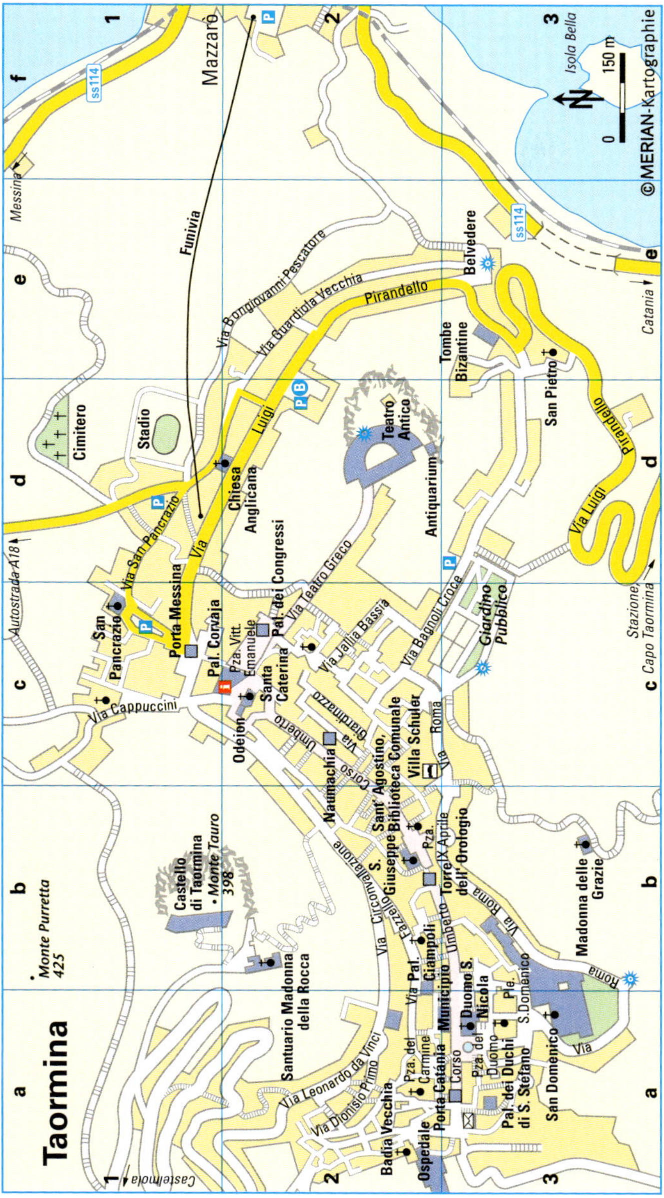
Taormina
Castelmola
Monte Purretta 425
Castello di Taormina
Monte Tauro 398
Santuario Madonna della Rocca
Via Leonardo da Vinci
Via Dionisio Primo
Badia Vecchia
Ospedale
Porta Catánia
Pza. del Carmine
Via Pal. Ciampoli
Municipio
Corso Umberto
Duomo S. Nicola
Pza. del Duomo
Pal. dei Duchi di S. Stefano
Ple. S. Domenico
San Domenico
Via Roma
Madonna delle Grazie
Via Circonvallazione
Via Fazzello
S. Giuseppe
Sant' Agostino, Biblioteca Comunale
Pza. IX Aprile
Torre dell' Orologio
Naumachia
Via Giardinazzo
Villa Schuler
Odeion
Santa Caterina
Pza. Vitt. Emanuele
Pal. Corvaja
Porta Messina
San Pancrazio
Via Cappuccini
Via San Pancrazio
Pal. dei Congressi
Via Teatro Greco
Via Jallia Bassia
Via Bagnoli Croce
Giardino Pubblico
Stazione, Capo Taormina
Autostrada A18
Via Luigi Pirandello
Chiesa Anglicana
Stadio
Cimitero
Teatro Antico
Antiquarium
Funivia
Via Bongiovanni Pescatore
Via Guardiola Vecchia
Tombe Bizantine
San Pietro
Belvedere
Catania
Messina
ss114
Mazzarò
Isola Bella
0 150 m
©MERIAN-Kartographie

Sehenswertes

Palazzo dei Duchi di Santo Stefano ■ a 3
Die helle Kalksteinfassade des zwischen dem 13. und 15. Jahrhundert errichteten Palastes verzieren Einlegearbeiten aus schwarzer Lava. Arabische wie normannische Elemente finden in diesem Meisterwerk sizilianischer Gotik ihre Fortsetzung. Im Garten und in den beiden oberen Geschossen sind Plastiken und Skizzen des modernen Bildhauers Giuseppe Mazullo ausgestellt.
Via De Spuches; tgl. 9–18 Uhr; Eintritt frei

Teatro Antico ■ d 2
Das Theater ist zweifelsfrei die Hauptattraktion Taorminas, und wenn an Wochenenden in der Bucht von Giardini Naxos die Kreuzfahrtschiffe ankern, werden Fassungsvermögen und Akustik einer harten Probe unterzogen. Die Griechen betteten das Theater in einen Sattel am Hang und gaben ihm so eine grandiose Aussicht. So wie er uns heute entgegentritt, stammt der Bau aus römischer Zeit. Im 2. Jahrhundert v. Chr. erweitert, wurde das Theater zur Zeit des Augustus völlig umgebaut und den Anforderungen von Gladiatorenkämpfen und Tierhatzen angepasst. Das Bühnengebäude ist inzwischen zu einer romantischen Ruine verfallen und gibt die Aussicht auf die Bucht von Naxos und den Etna wieder frei.
Via Teatro Greco; tgl. 9 Uhr bis 2 Std. vor Sonnenuntergang; Eintritt 4 €

Hotels/andere Unterkünfte

Grand Hotel Timeo ■ d 2
Das erste Haus am Platz hat nach aufwendiger Restaurierung im Frühjahr 1998 seine Pforten wieder geöffnet. Das Timeo liegt

MERIAN-Tipp

Palazzo Corvaja *An der Stelle, wo sich in der Antike die griechische Agora und später das römische Forum befanden, erhebt sich ein mittelalterlicher Palast, der im Kern einen älteren arabischen Wehrturm umschließt. Zu Anfang des 15. Jahrhunderts wurde der jüngste Flügel angefügt, dessen reich geschmückte Fassade auf den Platz weist. Durch ein gotisches Portal betritt man den kleinen Innenhof. Auf der Außentreppe, deren Balustrade Szenen aus der Genesis schmücken, gelangt man in das Obergeschoss. Durch edle Bogenfenster fällt das Licht in den großen Saal, in dem sich 1410 das sizilianische Parlament versammelt hat. Seit wenigen Jahren beherbergen diese schönen Räume die volkskundliche Sammlung Panarello. Besondere Aufmerksamkeit verdienen die auf Holz gemalten naiven Votivbilder. Mit frischem Pinselstrich und oft unfreiwilliger Komik werden die wundersamsten Rettungen aus misslichen Situationen geschildert (tgl. 9–13 und 16–20 Uhr; Eintritt 2,5 €).* ■ *c 1-2*

direkt unterhalb des antiken Theaters, mit dem es den unvergleichlichen Blick auf den Etna und die Bucht von Naxos teilt. Parkmöglichkeiten.
Via Teatro Greco 59; 98039 Taormina; Tel. 0942 23801, Fax 0942 62 8501; 39 Zimmer ★★★★
AmEx DINERS EURO VISA

Villa Schuler MMM ■ c 2
Bereits in dritter Generation liebevoll geführtes Haus, inmitten eines herrlichen Gartens, nur wenige Schritte unterhalb des Corso gelegen. Ein ausgezeichnetes Frühstück wird auf der Palmenterrasse mit einem traumhaften Etnablick serviert.
Piazzetta Bastione 16; 98039 Taormina; Tel. 0942 23481, Fax 0942 23522; www.villaschuler.com; 26 Zimmer ★★★ AmEx DINERS EURO VISA

Essen und Trinken

Il Duomo ■ a 3
Gute lokale Küche.
Vico degli Ebrei 11; Tel. 0942 62 56 56; Mi geschl. ★★★
AmEx DINERS EURO VISA

Einkaufen

L'Agorà ■ b 2
Alte Stiche und Gouachen mit sizilianischen Ansichten.
Corso Umberto I. 133; Tel. 0942 23091; Do–Di 9.30–13 und 16–20 Uhr

Allgemeine Informationen

Auskunft
AAST ■ c 1-2
Piazza Santa Caterina (Palazzo Corvaja); Tel. 0942 23243, Fax 0942 24941

Ziele in der Umgebung

Castelmola ■ H 3

Der klassische Ausflug von Taormina führt nach Castelmola. Der Aufstieg zu Fuß, vorbei an der Madonna della Rocca, ist zwar für manchen mühsam, entschädigt wird man aber durch die wunderbaren Ausblicke unterwegs. Sie können sich natürlich auch den Kurvenkünsten der lokalen Busfahrer anvertrauen! Castelmola verzaubert mit einem unvergleichlichen Blick, der Taormina, die Bucht von Naxos und den Etna mit einschließt. Dieser lässt sich vom alten Burgberg, von den Stufen der Chiesa Madre oder der Terrasse der Bar San Giorgio, zusammen mit einem Glas »vino di mandorla« genießen.

Forza d'Agrò ■ H 3

Nur wenige Kilometer von Taormina entfernt und mit dem Auto oder Linienbus problemlos zu erreichen, erhebt sich über dem Capo San Alessio der kleine Bergort Forza d'Agrò. Auch wenn der Ausflug längst kein Geheimtipp mehr ist, Boutiquen und Souvenirläden wie in Taormina gibt es hier keine. Forza d'Agrò hat sich weitgehend seinen mittelalterlichen Charakter bewahrt. Von den Plätzen genießt man schöne Blicke auf das Meer, den Etna und die Bergzüge der Peloritani. Man kann zu den Ruinen der mittelalterlichen Burg aufsteigen und stellt überrascht fest, dass in dieser luftigen Höhe der alte Friedhof des Ortes liegt.

TRAPANI UND DER WESTEN

Landschaft und Menschen Westsiziliens unterscheiden sich deutlich von denen im Osten, vieles erinnert hier bereits an Nordafrika. Die Massive des Sikanischen Berglandes bilden den Hintergrund einer überwiegend flachen Küstenregion und endlos dehnen sich Weingärten über die sanften Hügel. Hier werden die Trauben für den berühmten Marsala angebaut. Die für das Trapanese typischen Gutshöfe, festungsartig ausgebaute »bagli«, liegen heute meist verlassen da. Von Dattelpalmen umstanden, umgibt sie ein Hauch von Orient. Die weit ausufernden Städte mit ihren niedrigen, flach gedeckten Häusern erinnern häufig an nordafrikanische Kasbahs.

An der Küste zwischen Trapani und Marsala erstrecken sich Salzgärten, eine uralte Kulturlandschaft von großem Reiz. Land und Meer scheinen unmerklich ineinander überzugehen. Im Verlauf der Jahrtausende ist der westliche Teil Siziliens allmählich abgesunken, die Ägadischen Inseln, die vor Trapani aus dem Meer auftauchen, waren ursprünglich mit dem Festland verbundene Berge. Vor Favignana wird wie seit hunderten von Jahren jeden Sommer in den flachen Küstengewässern Tunfisch gefangen. Ganz im Westen liegt Maréttimo, ein Stück Dolomiten ins Meer geworfen. Auf Lévanzo lassen sich in der Grotta del Genovese steinzeitliche Malereien entdecken (→ MERIAN-Tipp S. 150).

Marsala ■ B 3

Araber gaben der Stadt ihren wohlklingenden Namen Marsa-al-Allah, Hafen Allahs. Der Ort geht jedoch auf eine karthagische Gründung zurück. Nach der Zerstörung von Motye (Mózia) (→ S. 146) 397 v. Chr. durch den syrakusanischen Tyrannen Dionysios I. flüchteten die Überlebenden auf das nahe Kap und gründeten hier eine neue Stadt. Im 16. Jahrhundert ließ Kaiser Karl V. den Hafen aufschütten, um den türkischen Piraten Landungsmöglichkeiten an der Westküste zu nehmen. Damit setzte der Niedergang Marsalas ein, bis 1773 der Händler John Woodhouses auf die Idee kam, Weine aus Westsizilien, die der besseren Haltbarkeit wegen mit Branntwein versetzt wurden, nach England auszuführen. Die Ära des Marsala-Weins und die Zeit eines neuen Wirtschaftswunders waren angebrochen.

Am 11. Mai 1860 landete Garibaldi mit seinen »Tausend« und trat den Siegeszug gegen die Bourbonenherrschaft an. Das historische Zentrum mit schönen Renaissance- und Barockgebäuden kann man noch heute durch die alten Stadttore betreten.

Museum

Museo Archeologico »Baglio Anselmi«
In den hohen Gewölben einer ehemaligen Weinkellerei ist ein punisches Kriegsschiff ausgestellt. Es ist wahrscheinlich in der Seeschlacht vom 10. März 241 v. Chr. gesunken, die den

In Holzfässern reift der Marsala heran, der trocken ausgebaut einen ausgezeichneten Aperitif abgibt.

ersten Punischen Krieg zu Gunsten der Römer entschied. Im folgenden Saal sind Grabstelen und römische Mosaiken zu sehen. Feine Goldschmiedearbeiten belegen das hohe Niveau der punischen Kunsthandwerker.
Via Capo Lilibeo 34; tgl. 9–13.30, Mi, Fr, Sa, So auch 16–18.30 Uhr; Eintritt 4 €

Einkaufen

In Marsala bieten zahlreiche Kellereien (»bagli« oder »stabilimenti«) Weinproben an. Besonders interessant sind die Cantine Florio, die im Süden der Stadt am Lungomare liegen.

Ziele in der Umgebung

Mazara del Vallo ■ C 3

Die barock geprägte Kleinstadt ist Hafen der größten Fischfangflotte Italiens. Es ist ein beeindruckendes Schauspiel, wenn die Kutter früh am Morgen einlaufen und in der breiten Flussmündung vor Anker gehen. Im März 1998 ist einem der Boote die lebensgroße griechische Bronzestatue eines Satyrs ins Netz gegangen. Nach Abschluss der aufwendigen Restaurierungsarbeiten soll die antike Statue in Mazara ausgestellt bleiben.

Direkt am Flusshafen liegt die kleine Normannenkirche San Nicolò aus dem 12. Jahrhundert. Ende des 11. Jahrhunderts gründete Roger I. den Dom, doch stammen nur noch die Apsiden des heutigen Baus aus normannischer Zeit. Die verwinkelten Gassen der Altstadt lassen arabische Einflüsse immer noch deutlich erkennen.

Mózia ■ B 3

Vom Imbarcadero Mózia, etwa 10 Kilometer nördlich von Marsala, setzt halbstündlich, mit einer Pause zwischen 13 und 15 Uhr, ein Boot auf die Insel Mózia über (3 €). Für den Besuch von Mózia (9 Uhr bis 1 Std. vor Sonnenuntergang; Eintritt 5 €) wird ein Eintritt erhoben, der den Besuch des Museums (Okt.–Feb. 9–13 Uhr; März–Sept. 9–13 und 15–18.30 Uhr) mit einschließt.

Die winzige, in der geschützten Lagune gelegene und durch die vorgelagerten Inseln den Blicken vorbeifahrender Schiffe entzogene Insel entsprach genau den Ansprüchen, welche die Phönizier an eine Handelsniederlassung stellten. Später, in karthagischer Zeit, entwickelte sich die Ansiedlung zu einer bedeutenden Stadt, die den Namen Motye trug. Der Nymphe Motye verdankten Phönizier und Karthager die Kunst der Tuchverarbeitung; purpurgefärbte Stoffe waren die Haupterzeugnisse der Stadt.

Giuseppe Whitaker, Spross einer Marsala-Dynastie, kaufte um die Jahrhundertwende die San Pantaleone genannte Insel. Als Freund Heinrich Schliemanns, der 1875 erfolglos auf der Insel gegraben hatte, war Whitaker selbst ein begeisterter Amateurarchäologe. Ihm gelang die Wiederentdeckung des antiken Motye. Der heutige Besucher hat die einzigartige Gelegenheit, auf einem Spaziergang eine punische Stadt mit Dockanlage (Kothon), einer Kultstätte, in der Kinder beigesetzt wurden (Tophet), einer Nekropole, einem Industrieviertel und Resten der Befestigung zu erkunden. Wertvolle Fundstücke werden in einem kleinen Museum präsentiert. Glanzstück der Sammlung ist die 1979 ausgegrabene Marmorstatue eines Jünglings, dessen muskulöser Körper von einem plissierten Gewand umschmeichelt wird. Das Bildnis gehört zu den schönsten Kunstwerken der Antike.

Segesta ■ C 3

Segesta ist, wie das nahe gelegene Erice, eine Gründung der Elymer. Über die Herkunft dieses rätselhaften Volkes stellten bereits die antiken Historiker Mutmaßungen an. Thukydides schrieb, dass ein Teil der Trojaner, die unter Äneas ihre zerstörte Stadt verlassen hatten, sich hier niedergelassen hätten. Segesta, in ständigem Konflikt mit dem südlich gelegenen Selinunt (→ S. 147), suchte zur Zeit des Peloponnesischen Krieges einen Bündnispartner in Athen. Die Athener waren in erster Linie Geschäftsleute und schickten Gesandte nach Segesta, welche vorab die Liquidität des zukünftigen Partners prüfen sollten. Jeden Abend wurden sie in einem anderen Haus bewirtet und erhielten die Speisen auf Tellern aus purem Gold gereicht. Dass das goldene Geschirr aus dem Tempelschatz von Erice stammte und Abend für Abend heimlich von einem Haus zum anderen gebracht wurde, entging den athenischen Diplomaten. Vom Reichtum Segestas geblendet, entschied sich Athen für die sizilische Expedition, die 414 v. Chr. mit einer vernichtenden Niederlage vor Syrakus (→ S. 130) enden sollte.

Sehenswertes

Parco Archeologico di Segesta
Der berühmte Tempel von Segesta ist vermutlich ein Werk der Athener. Architekten und Handwerker sollten in der verbündeten Stadt ein ebenso prachtvolles, womöglich sogar viel eindrucksvolleres Heiligtum errichten, wie sie in den sikeliotischen Stadtstaaten Siziliens zu jener Zeit gebaut wurden. Der klassisch dorische Bau erinnert stilistisch an den Parthenon (448–438 v. Chr.) und weist neben der doppelten Eckkontraktion als einziger Tempel Siziliens eine Kurvatur des Stylobats (→ S. 187) auf. Der Tempel blieb als Rohbau stehen, wahrscheinlich wurden die Arbeiten nach der Niederlage Athens eingestellt.

Während des ersten Punischen Krieges verbündete sich Segesta mit Rom und erinnerte dabei an die gemeinsame trojanische Abkunft. Segesta blühte auf. In der Mitte des 3. Jahrhunderts v. Chr. errichtete man auf dem nördlichen Akropolishügel das hellenistische Theater, von dem 20 Sitzreihen und die Fundamente des Bühnengebäudes erhalten sind.
Tgl. 9 Uhr bis 2 Std. vor Sonnenuntergang; Eintritt 4 €

Der Jüngling von Mózia gehört zweifellos zu den schönsten Bildwerken der Antike.

Selinunte/Selinunt ■ C 3

→ Karte S. 171
Selinunt wurde um 628 v. Chr. von Siedlern der sikeliotischen Stadt Megara Hyblaea unter der Anführung des Oikisten Pamillos gegründet. Ihren Namen verdankt die Stadt dem wilden Sellerie, der an den Ufern der beiden Flüsse reichlich vorkam. Der Besuch des archäologischen

Gebietes ist eine einzigartige Gelegenheit, eine griechische Polis, die später nie überbaut wurde, kennen zu lernen und die Entwicklung des griechischen Tempelbaus vom Steinbruch bis hin zum vollendeten Bauwerk, auch in der stilistischen Entwicklung, mit eigenen Augen nachzuvollziehen (tgl. 9 Uhr bis 1 Std. vor Sonnenuntergang; Eintritt 4 €; → KulTour S. 168).

Hotels/andere Unterkünfte

Lido Azzuro
Freundliche Pension an der Uferpromenade von Marinella.
Via Marco Polo 98, 91022 Castelvetrano, Loc. Marinella di Selinunte; Tel. und Fax 0924462 56;
14 Zimmer ★★ AmEx DINERS EURO VISA

Ziele in der Umgebung

Gibellina ■ C 3

In der Nacht des 14. Januar 1968 zerstörte ein Erdbeben im Bélice-Tal 14 Städte, darunter auch Gibellina: 231 Tote, 263 Verletzte und mehr als 150 000 Obdachlose, so die traurige Bilanz. In der Folgezeit wurde das Bélice-Tal zum Inbegriff der Mafia-Spekulation. Jahrelang mussten die Menschen in provisorischen Unterkünften ausharren, bevor die Städte an neuer Stelle wieder aufgebaut wurden. Das bekannteste Beispiel ist Gibellina Nuova. Bürgermeister Ludovico Corrao hatte die Idee, namhafte Künstler aus aller Welt am Aufbau zu beteiligen, und so ist Gibellina heute der Ort mit der höchsten Dichte zeitgenössischer Kunst in Italien. Ob der Ort deswegen auch zur Heimat für seine Bewohner wird, bleibt immer noch abzuwarten. Eindrucksvoll ist die große Landschaftsskulptur aus weißem Beton, die Alberto Burri wie ein Leichentuch über die Trümmer von Gibellina Vecchia ausgebreitet hat. In den Ruderi di Gibellina wird inzwischen jedes Jahr ein Theaterfestival der Avantgarde veranstaltet, die »Orestiade«.

Trapani ■ C 2

Die landschaftlich schöne Fahrt von Erice hinab nach Trapani bildet einen gelungenen Auftakt für den Besuch der Stadt, die von den Karthagern als Hafen von Erice angelegt wurde. Der antike Name Drepanon, Sichel, nimmt Bezug auf den sichelförmigen Landvorsprung, auf dem sich die Altstadt erstreckt.

Nach Schließung des Hafens von Marsala (→ S. 144) erlebte Trapani einen raschen wirtschaftlichen Aufstieg. Im 18. und 19. Jahrhundert entwickelte sich die Fisch verarbeitende Industrie. Das Salz gewann man in den Salinen südlich der Stadt.

Trapani dient den meisten Besuchern nur als Sprungbrett auf die Ägadischen Inseln, dabei lohnt die kaum bekannte Altstadt durchaus den Besuch.

Sehenswertes

Chiesa del Purgatorio
Die wegen ihrer Architektur kaum erwähnenswerte Kirche aus dem 17. Jahrhundert birgt

einen der größten Schätze der Stadt: 20 aus Holz, Kork und Stoff gefertigte, lebensgroße Figurengruppen. Die »Misteri« stellen Szenen der Passion Christi dar und werden während der großen Karfreitagsprozession, die bis auf das 17. Jahrhundert zurückgeht, durch die Stadt getragen.
Via San Francesco d'Assisi; Di 10–12, Fr 10–12 und 17 bis 19 Uhr; in der Fastenzeit tgl. 10–12 und 16–19 Uhr

Santuario di Maria Santissima Annunziata
Das bedeutendste Bauwerk Trapanis wurde im 14. Jahrhundert begonnen, in der Folgezeit aber laufend erweitert und gegen 1760, unter der Leitung von Giovanni Biagio Amico, barock umgestaltet. Die Fassade mit der wunderschönen Rosette und einem gotischen Portal stammt noch aus dem 14. Jahrhundert. In der Cappella della Madonna ist das Gnadenbild der Muttergottes aufgestellt, eine meisterhafte Marmorstatue aus der Werkstatt des Nino Pisano (um 1350).
Via Conte Agostino Pepoli; Tgl. 7–12 und 16–19 Uhr; Bus 25 (4 km von der Piazza Vittorio Emanuele)

Museum

Museo Regionale »Pepoli«
Das ehemalige Karmeliterkloster, das sich neben dem Heiligtum der Maria Santissima Annunziata erhebt, dient heute als Museum. Neben archäologischen Funden, Skulpturen und Tafelbildern verschiedener Epochen sind besonders die feinen Korallenarbeiten, für die Trapani berühmt war, sehenswert. Interessant sind auch die Majolikafußböden aus dem 18. Jahrhundert. Sie zeigen Fischfangszenen, darunter auch die traditionelle »mattanza«, den Todestanz der Tunfische. Eine »mattanza« kann erleben, wer im Mai die Insel Favignana oder die Tonnara di Bonnagia besucht.
Via Conte Pepoli 200; tgl. 9–13.30, Mi, Do auch 15–17.30, So und an Feiertagen 9–12.30 Uhr; Bus 25 (4 km von der Piazza Vittorio Emanuele); Eintritt 4 €

MERIAN-Tipp

Cave di Cusa *Wenige Kilometer westlich von Selinunte liegt bei dem Städtchen Campobello di Mazara einer der antiken Steinbrüche von Selinunt. Hier wurden die für den Tempel G bestimmten Säulentrommeln vorbereitet (→ Kul-Tour S. 168). Der Überfall durch die Karthager 409 v. Chr. unterbrach die Arbeiten, die später nicht mehr aufgenommen wurden. Der heutige Besucher kann so die einzelnen Phasen nachvollziehen, in denen die Säulentrommeln aus dem Gestein gelöst wurden. Einige liegen bereits transportfertig am Boden. Vergleiche mit den antiken Steinbrüchen von Milet haben ergeben, dass in den Cave di Cusa zu keinem Zeitpunkt mehr als 200 Personen beschäftigt waren.* ■ *C 3*

Hotels/andere Unterkünfte

Crystal
Gleich beim Bahnhof steht die beste Herberge von Trapani; ein Stadthotel mit allem Komfort.
Via San Giovanni Bosco 17, 91100 Trapani; Tel. 0 92 32 00 00, Fax 0 92 32 55 55; 70 Zimmer, 2 Suiten ★★★ AmEx DINERS EURO VISA

Tonnara di Bonagia
Die ehemalige Tunfischfabrik wurde zu einem komfortablen Hotel umgebaut. Das ausgezeichnete Restaurant La Muciara steht auch denjenigen Gästen offen, die nicht im Hotel übernachten. Ende Mai findet hier die Tunfischjagd, eine »mattanza«, statt.
Piazza Tonnara; 91019 Valderia Loc. Bonagia, 10 km auf der Küstenstraße von Trapani Richtung S. Vito; Tel. 09 23 43 11 11, Fax 09 23 59 21 77; 41 Zimmer, 3 Suiten; ★★★, im Sommer etwas höhere Preise AmEx DINERS EURO VISA

Essen und Trinken

Trattoria del Porto
Der Name des Lokals ist Programm. Direkt am Hafen werden hier fangfrische Meeresfrüchte und Fische serviert. Die Nudeln werden mit »bottarga« (Tunfischrogen) verfeinert, und auch der »cuscus di pesce« schmeckt ausgezeichnet. Spezialität des Hauses sind gefüllte Tintenfische; dazu: offener Hauswein.
Via Ammiraglio Staiti 45; Tel. 09 23 54 78 22; Mo und vom 20.–30. Dez. geschl. ★★ AmEx DINERS EURO VISA

Allgemeine Informationen

Auskunft
AAPIT
Piazza Saturno; Tel. 0 92 32 90 00, Fax 0 92 32 40 04; Internet: www.apt.trapani.it

MERIAN-Tipp

Lévanzo – Ausflug in die Steinzeit *Täglich setzen von Trapani aus Fähren und Tragflügelboote nach Lévanzo über. Die kleinste der Ägadischen Inseln ist landschaftlich genauso schön wie ihre Schwestern, birgt darüber hinaus aber einen einzigartigen Schatz. In der Grotta del Genovese, die nur mit einem lokalen Führer zu besuchen ist, wurden 1949 steinzeitliche Malereien entdeckt. Die ältesten Ritzzeichnungen sind 12 000 Jahre alt und stammen aus der Zeit, als Lévanzo noch mit dem Festland verbunden war. Dynamische Linien geben die bewegten Umrisse von Hirschen, wilden Stieren und Jägern meisterhaft wieder. Die jungsteinzeitlichen Malereien zeigen domestizierte, von Frauen geführte Rinder und Ziegen sowie die älteste Abbildung eines Tunfisches. Auf wenigen Quadratmetern wird man hier Zeuge einer der wichtigsten Entwicklungen der Menschheitsgeschichte, die wir als neolithische Revolution bezeichnen (Grotta del Genovese c/o Natale Castiglione, Via Lungomare 11; Tel. 09 23 92 40 32).* ■ *B2-3*

Ziel in der Umgebung

Erice ■ C 2

Hoch über Trapani thront das bezaubernde Städtchen auf einem steil aufragenden Kalkberg. Man betritt Erice durch die alten Stadttore, die teilweise noch Reste elymisch-punischen Mauerwerks aufweisen. Direkt hinter der Porta Trapani erhebt sich ein schlanker Wehrturm als Campanile der Chiesa Matrice. Die fotogene Kirche ist ein schönes Beispiel für den Chiaramonte-Stil. Die steingepflasterten Straßen und steingemauerten Gebäude, die sich um kleine Innenhöfe scharen, verleihen dem Städtchen eine mittelalterliche Atmosphäre.

Von den ursprünglich 30 000 Einwohnern sind heute gerade noch 2000 geblieben. Trotzdem füllt sich die Stadt periodisch immer wieder mit neuem Leben. Im Andenken an Ettore Majorana wurde in Erice ein wissenschaftliches Studien- und Begegnungszentrum gegründet, das sich Humanismus wie Pazifismus verpflichtet fühlt und das ganze Jahr über Kongresse veranstaltet. Im Juli, wenn hier ein international bedeutendes Festival gefeiert wird, erklingt in den ehemaligen Konventsgebäuden mittelalterliche Musik. Die Klostertradition der Marzipanbäckerei wird von einigen Pasticcerie fortgeführt.

Im Osten der Stadt erheben sich auf einem ringsum steil abfallenden Felsen die Ruinen einer mittelalterlichen Burg.

Hotels/andere Unterkünfte

Baglio Santacroce M
Gutshaus aus dem 17. Jahrhundert in ländlicher Umgebung. Komfortable Zimmer, Pool, gutes Restaurant.
91019 Valderice, 10 km östlich Erice in Richtung Castellamare; Tel. 09 23 89 11 11, Fax 09 23 89 11 92; 25 Zimmer ★★★ im Sommer etwas höhere Preise AmEx DINERS VISA

Elimo
Anheimelndes Hotel mit gutem Restaurant und Panoramaterrasse. Das Auto parkt man am besten vor der Porta Trapani.
Via Vittorio Emanuele 75; 91016 Erice ; Tel. 09 23 86 93 77, Fax 09 23 86 92 52; 21 Zimmer ★★★
AmEx DINERS EURO VISA

Essen und Trinken

Monte San Giuliano
Ein vorzügliches Restaurant in altehrwürdigem Gemäuer. Von der Terrasse genießt man den Blick auf die Salinen und die Ägadischen Inseln. Der vor Favignana gefangene Tunfisch kommt hier auf den Tisch. Selbstverständlich gibt es »cuscus alla trapanese«.
Vicolo San Rocco 7; Tel. 09 23 86 95 95 ★★★ AmEx DINERS EURO VISA

Cafés

Caffè Maria M
Schon wegen seiner Einrichtung ist dieses Café einen Besuch wert. Berühmt ist das Mandelgebäck von Maria Grammatico.
Via Vittorio Emanuele 4;
Tel. 09 23 86 96 96

KulTouren

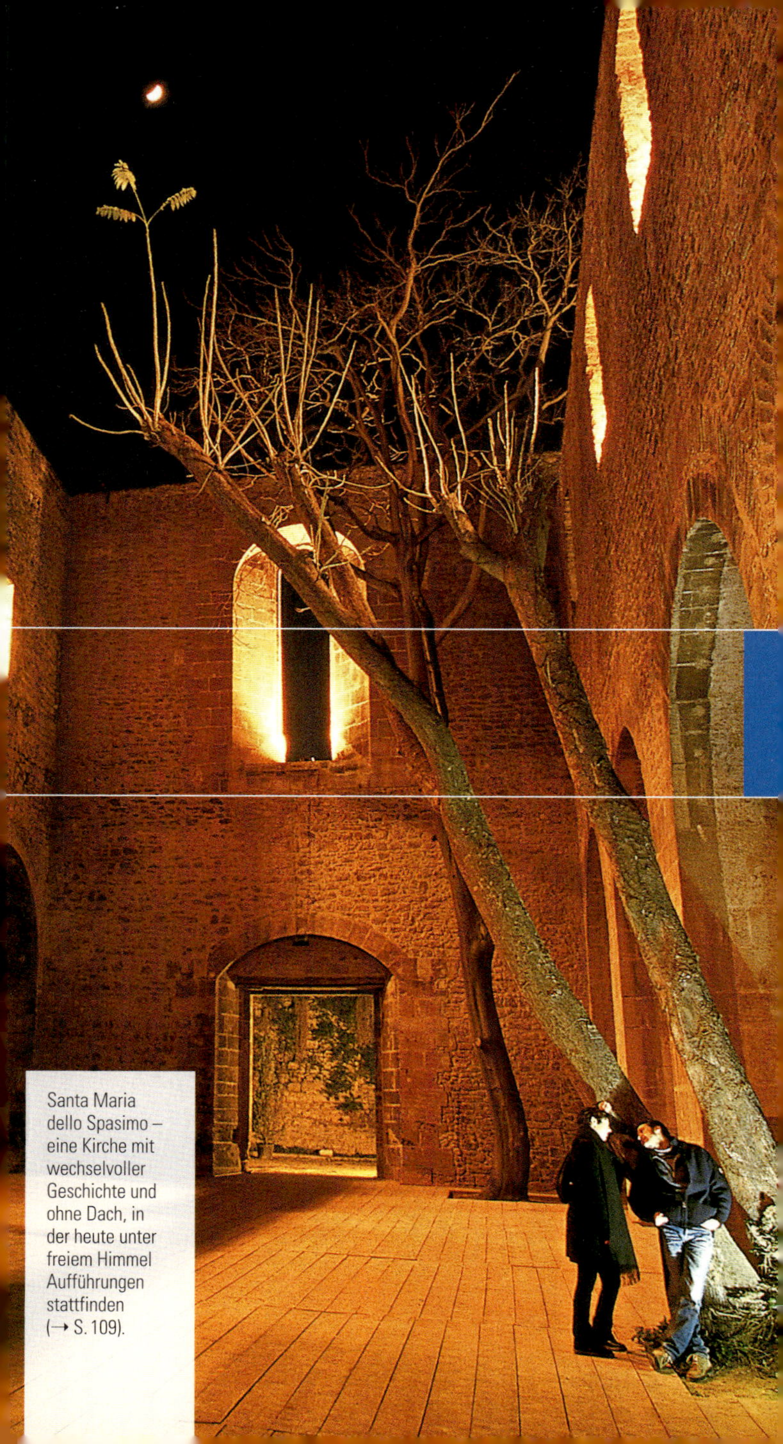

Santa Maria dello Spasimo – eine Kirche mit wechselvoller Geschichte und ohne Dach, in der heute unter freiem Himmel Aufführungen stattfinden (→ S. 109).

Villa del Casale – Bilderbuch der römischen Antike

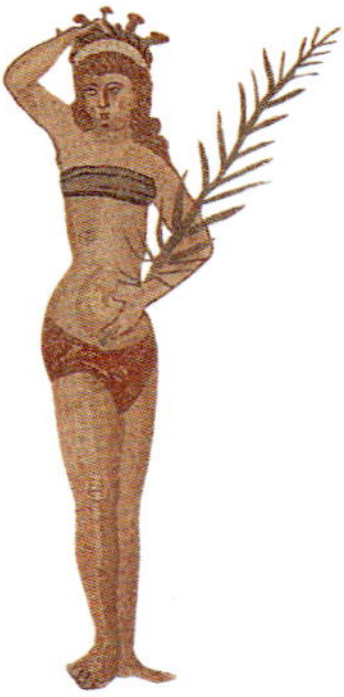

Im alten Rom bekamen die Sieger in sportlichen Wettkämpfen einen Palmwedel als Preis.

Als die Villa in den fünfziger Jahren dem Publikum geöffnet wurde, eilte ihr der Ruf weit voraus. Das lag am zeitlichen Zusammentreffen der jungen Bikini-Mode und der Mosaikdarstellung leichtgeschürzter Sportlerinnen, die sogar als Covergirls des »Time-Magazine« Karriere machten. Tatsächlich gibt es kaum einen Ort, der einen so anschaulichen Einblick in die Lebenswelt reicher Römer gewährt.
Ursprünglich vermutete man einen Kaiser als Besitzer der luxuriösen Villa, inzwischen ist man sich sicher, dass sie einem reichen Patrizier gehört haben muss. Im 3. und 4. Jahrhundert n. Chr., der Entstehungszeit der Villa, zogen sich immer mehr wohlhabende Römer auf ihre Latifundien zurück, und um ein solches Herrenhaus handelt es sich hier. Einige Indizien weisen auf Aradius Valerius Proculus Popolonius als Erbauer der Villa hin. Nordafrikanischer Abstammung, bekleidete er höchste Staatsämter in Rom wie in den Provinzen. Als Gouverneur verwaltete er von 327 bis 331 Sizilien, und als Prätor war er verantwortlich für die Ausrichtung der grandiosen Spiele anlässlich des Einzugs Kaiser Konstantins in Rom. Die Darstellungen eines Wagenrennens

Exotische Tiere sind vor dem Hintergrund einer nordafrikanischen Landschaft abgebildet.

im Circus und das Einfangen exotischer Tiere für die Arena könnten als Hinweis darauf zu verstehen sein. Im Osten der Villa liegen die Thermen, von einem Aquädukt mit Wasser versorgt. Die in den Praefurniae (Heizräume) erzeugte Heißluft wurde durch hohle Böden in das Caldarium (heißes Bad) und in das Tepidarium (lauwarmes Bad) geleitet. Durch einen kleinen Massageraum betrat man das Frigidarium, in dem kalte Was-

Odysseus reicht dem Zyklopen Polyphem in einer großen Trinkschale den schweren Wein.

serbecken für Erfrischung sorgten. Das Frigidarium hat einen achteckigen Grundriss, die Nischen dienten, wie man an den Darstellungen der Mosaikböden erkennen kann, als Umkleidekabinen. Eine lang gestreckte Palästra, der Gymnastikraum, schließt die Thermen ab.

Eines der berühmten Bikini-Mädchen beim Diskuswurf.

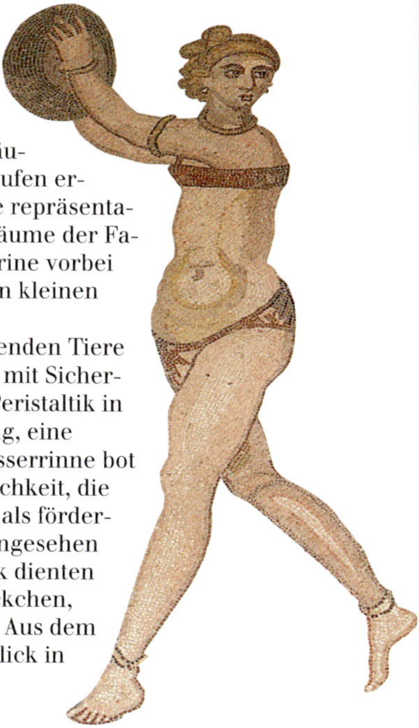

Aus dem Atrium betreten wir über ein Vestibulum die eigentliche Villa. Das Peristyl, ein von Säulen umgebener Innenhof, bildet den Mittelpunkt der gesamten Anlage. Im Norden liegen der Gästeflügel, im Süden die Speiseräume und im Westen, um einige Stufen erhöht, die repräsentativen und privaten Räume der Familie. An einer Latrine vorbei erreichen wir einen kleinen Innenhof.

Die fröhlich springenden Tiere brachten mit Sicherheit die Peristaltik in Bewegung, eine Warmwasserrinne bot die Möglichkeit, die Füße einzutauchen, was ebenfalls als förderlich für den Verdauungsvorgang angesehen wurde. Die Schlitze in der Sitzbank dienten der Einführung der Schwammstöckchen, Vorläufer feuchter Hygienetücher. Aus dem Innenhof können wir jetzt einen Blick in die Palästra werfen.

Bekleidung der Römer, aber auch das Schiff sind detailgetreu wiedergegeben.

Eine erotische Szene schmückt den Boden des Schlafzimmers.

In großer Detailgenauigkeit ist ein Wagenrennen im Circus Maximus wiedergegeben, lebendig wie die berühmte Szene aus dem Film »Ben Hur« oder dessen Remake in »Star Wars-Episode I«.

Ein Zimmer im Gästetrakt fällt durch eine besonders reiche Ausschmückung auf. In Bildstreifen wird die Jagd, eines der bevorzugten Freizeitvergnügen der Aristokratie, in allen Varianten dargestellt. In der Bodenmitte bringt eine hochgestellte Persönlichkeit der Göttin Diana ein Opfer dar.

Einen tiefen Einblick in das Selbstverständnis der Römer als Herren der Welt gewinnt man beim Betrachten der Großen Jagd im lang gezogenen Ambulacrum (Wandelgang). Es handelt sich diesmal nicht um ein Pläsier, sondern um ein Geschäft. Das Geschäft hieß Stimmenfang und Politik. Aus allen Erdteilen wurden gefangene wilde Tiere auf Schiffe

Gefährlich ist die Jagd auf wilde Eber. Einer der Jäger liegt verwundet am Boden.

Früh übt sich, was ein großer Jäger werden will. Auch die Kinder stellen bereits den Tieren nach.

verladen und nach Rom transportiert, um als Opfer einer perversen Unterhaltungsindustrie in den Arenen niedergemetzelt zu werden. Vielleicht ist es Popolonius, der nach der Mode des 4. Jahrhunderts gekleidet, die Tiere in Rom höchstpersönlich in Empfang nimmt. Die Bikini-Mädchen, das mit Abstand populärste Mosaik der Villa, bringen uns schnell auf andere Gedanken. Verschiedene sportliche Disziplinen wie Weitsprung, Diskuswurf oder Wettlauf werden uns vorgeführt, bevor zur Siegerehrung geschritten wird.

Das geräumige Triclinium, den Speisesaal, schmücken die Heldentaten des Herkules. Die Mosaiken sind in einem ebenso dramatischen wie opulenten Stil ausgeführt, der einem Rubens zur Ehre gereichte. Die Abbildung des Herkules-Mythos gab Anlass zur Vermutung, die Villa könnte dem Westkaiser Maximanius »Herculius« gehört haben.

In den privaten Gemächern stoßen wir auch auf die Kinderzimmer, die mit Varianten des Circusrennens und der Jagd ausgeschmückt sind. Zu denken gibt uns eine Szene, auf der Pan, als Verkörperung ungezügelter Sexualität im Wettkampf auf den geflügelten Eros trifft. Die Siegespreise stehen bereit, aber der Kampf scheint unentschieden auszugehen. Jenseits der großen Basilica, des repräsentativen Empfangssaals, betreten wir die Schlafräume des Hausherrn und finden uns unversehens in Sizilien wieder. Wir sehen Odysseus, wie er Polyphem, der hier mit

Tiere aus allen bekannten Weltgegenden wurden eingefangen, um in der Arena gejagt zu werden.

drei Augen dargestellt ist, den schweren Wein reicht. Nach einem letzten Blick auf eine verführerische Schlafzimmerszene verlassen wir diesen Traum römischen Wohllebens. Am Ausgang stehen reichlich Postkarten und Bildbände zum Kauf bereit.

Villa del Casale
Tgl. 9–13 und 15 Uhr bis 1 Std. vor Sonnenuntergang; Eintritt 4 €

Villa del Casale

0 Praefurniae (Heizräume)
1 Caldarium (Warmbad)
2 Tepidarium (Lauwarmbad)
3 Massage-und Ölungsraum
4 Frigidarium (Kaltbad)
5 Venusaltar
6 Große Latrine
7 Eingang zur Villa (Portikus)
8 Atrium (polygonaler Hof)
9 Tablinum (Offene Vorhalle)
10 Ädicula des Peristyls
11 Hauptperistyl
12 Kleine Latrine
13 Narthex der Thermen (Palestra)
14 Trapezförmige Vorhalle
15 Saal des Brennofens
16 Zwischensaal mit schwarzgrundigen Mosaiken
17 Tanzsaal
18 Saal mit Sternenmotiven
19 Mosaiken mit fragmentarischen Tanzszenen
20 Saal der fischenden Liebesgötter
21 Saal der vier Jahreszeiten
22 Saal der kleinen Jagd
23 Saal mit Achtecken
24 Saal mit quadratischen Zeichnungen
25 Wandelhalle (Ambulecrum) der großen Jagd
26 Saal mit geometrischen Mosaiken
27 Prunkraum (Diaeta) mit Orpheus-Mosaik
28 Saal der zehn Mädchen (in Bikini)
29 Elliptisches Peristyl (Xistus)
30 Eroten beim Keltern von Trauben
31 Eroten bei der Weinlese
32 Eroten auf der Fischjagd
33 Fischende Eroten
34 Triclinium (Speisezimmer)
35 Vorhalle des kleinen Zirkus
36 Schlafraum der Musiker und Schauspieler
37 Halbrundes Atrium
38 Vorhalle mit dem Zweikampf zwischen Eros und Pan
39 Schlafraum mit Kinder-Jagdszenen
40 Prunkraum (Diaeta) des Arion
41 Hundertfußhalle (Basilika)
42 Schlafraum mit Früchtedarstellungen in Lorbeermedaillons
43 Vorhalle des Odysseus und Polyphem
44 Schlafgemach mit erotischer Szene

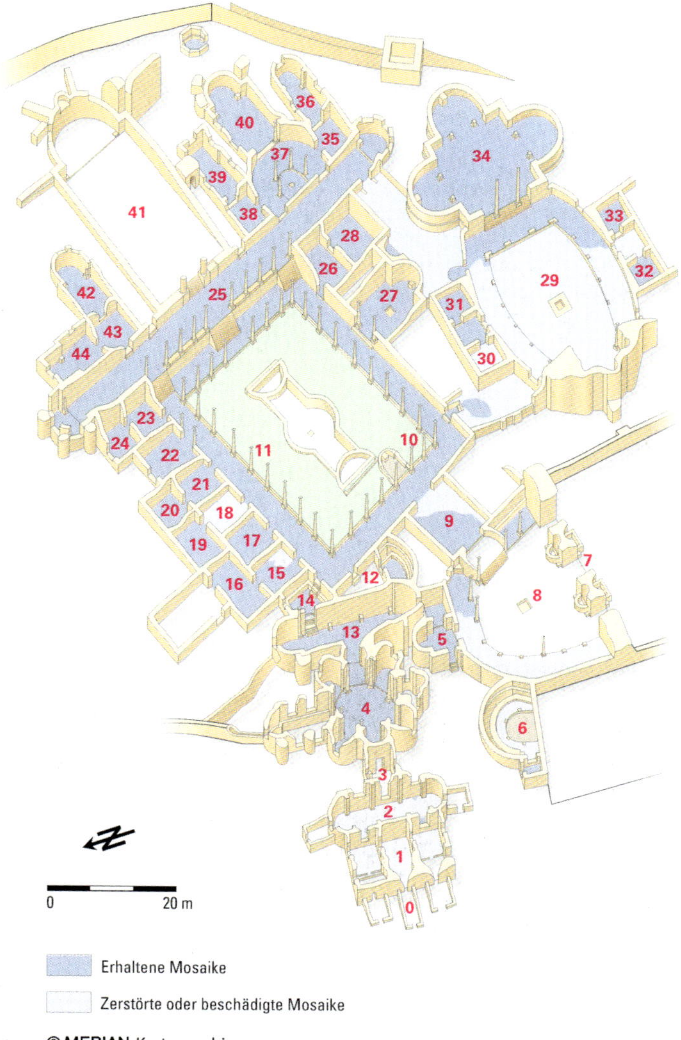
36
40
35
37
34
39
41
38
33
28
26
29
32
42
25
27
31
43
44
30
23
10
24
22
11
21
18
20
17
9
19
7
15
16
12
8
14
13
5
4
6
3
2
1
0
0
20 m
Erhaltene Mosaike
Zerstörte oder beschädigte Mosaike

Palermo lebt

Palermo kann man besichtigen. Die obligaten Sehenswürdigkeiten finden sich in jedem halbwegs anständigen Reiseführer aufgelistet, also auch im vorliegenden. Palermo kann man aber auch kennen lernen und das zu Fuß! Und wer würde sich als Cicerone besser eignen als Lorenzo La Marca, Palermitaner mit Leib und Seele, gebildeter, intelligenter, raffinierter, ironischer und selbstbewusster Ex-Achtundsechziger? Lorenzo La Marca ist das literarische Alter Ego von Santo Piazzese, einem Palermitaner mit Leib und Seele, gebildet, ...

Santo Piazzese beschreibt ganz normale, gesunde, mysteriöse Verbrechen, Morde, die mit dem Mafia-Klischee nichts zu tun haben, und es gelingt ihm, kopfüber in das wieder aufgeblühte Leben Palermos einzutauchen und seine Leser mitzureißen. Inzwischen ist Santo Piazzese so etwas wie ein Lifestyle-Experte der sizilianischen Metropole geworden. Fernsehjournalisten nehmen ihn gerne beim Wort (Mord) und lassen sich die dunkelsten Ecken der Stadt und die neuesten In-Plätze zeigen.

Goethe suchte im Botanischen Garten von Palermo nach der Ur-Pflanze. Santo Piazzeses Alter Ego Lorenzo La Marca löst ganz andere Rätsel.

Mord im Botanischen Garten

Wer würde inmitten der tropischen Pracht des Botanischen Gartens schon an Mord denken? Der Ort des Verbrechens ist ein Ficus magnaloides von riesenhaften Ausmaßen und alleine schon den Besuch wert. Lassen wir Lorenzo La Marca dem Rätsel nachgehen und wagen uns ins nahe gelegene, verrufene Kalsa-Viertel. Nichts erinnert heute an die Pracht von al-Hâlisah Kalsa, den mittelalterlichen Palast der arabischen Emire. Die Bomben des Zweiten Weltkriegs haben große Lücken hinterlassen. Seit einigen Jahren jedoch ist der Spasimo, eine herrliche gotische Kirche ohne Dach, der lebendigste Kulturtreffpunkt Palermos und täglich von früh bis spät geöffnet. Am nahen Foro Italico ist der Eistempel von Ilardo zu finden. Palermitanern läuft alleine beim Gedanken an die köstlichen »pezzi duri« das Wasser im Mund zusammen. Ohne überflüssiges Handgepäck lassen wir uns durch die Gassen treiben und landen auf der Piazza Marina, in der Mitte ein herrlicher Garten und wieder die mächtigen Gummibäume. Um den Platz herum haben ein paar besonders nette Restaurants eröffnet. Keinen großen Hunger? Die Via Merlo führt auf die Piazza San Francesco und zu einer palermitanischen Institution.

Der Kirche San Francesco gegenüber liegt eines der ältesten Lokale der Stadt (→ S. 113).

Der Orient ist nah

Auf der Via Paternostro geht es nach links. Hier haben die Kofferhändler ihre Ware auf der Straße aufgebaut. An der Ecke ein verfallenes Haus und ein rostiges Schild: »Hotel Patria«. Kenner wissen, dass man im Innenhof ausgezeichnet speisen kann. Auf der Piazza Croci dei Vespri ist es ein Genuss, tagsüber dem »posteggiatore«, dem selbst ernannten Parkwächter dieses Platzes, bei seinem Geschäft zuzusehen. Der Palazzo ist aus dem Film bekannt. Visconti hat hier die berühmte Ballszene seines »Gattopardo« gedreht. Mutig die Via Roma überquert und nach wenigen Schritten leuchten uns morgenländisch die roten Kuppeln von San Cataldo entgegen. Der lebendige Orient ist auch nicht mehr fern. Von den vier Altstadtmärkten ist der Ballarò vielleicht noch der ursprünglichste. Hier werden laut die Waren angepriesen, das Gedränge ist dicht, aber freundlich, die Gesichter so bunt und verschieden, wie sie es wohl auch waren, als die Stadt noch den Namen Balarmuh trug. Verführerisch duftet es aus den Garküchen.

Die Via Porta di Castro folgt einem der beiden alten Flusstäler, welche in der Antike die Landzunge umflossen, auf der punische Händler sich als Erste niedergelassen hatten. Die mittelalterlichen Paläste sind auf der punischen Mauer errichtet. An der höchsten Stelle der Altstadt treffen wir auf den Normannenpalast und den herrlichen Garten der Villa Bonanno. Die barocke Kuppel der Kathedrale ragt über die Palmwipfel hinaus.

Bis vor wenigen Jahren war die Kalsa noch eines der verrufensten Viertel Palermos. Die Wiedereröffnung des Spasimo (→ S. 109) sorgt inzwischen für ein neues Leben.

Zeit für eine Erfrischung! Der Kathedrale gegenüber steht ein kleiner Kiosk, und für ein paar Cents gibt es ein Glas kaltes Wasser mit einem Schuss Anisschnaps, das Lieblingsgetränk La Marcas an heißen Schirokkotagen – nebenbei bemerkt. Über den Cassaro und an den Apsiden der Kathedrale vorbei führt der Weg ins Capo-Viertel. Folgt man jedoch der Via Celso in Richtung Meer, trifft man auf die Moschee von Palermo, und gleich daneben lockt an der Piazza Gran Cancellieri das Caffè d'Oriente mit nordafrikanischen Speisen und Bauchtanz. Der Capo-Markt zieht sich von der Piazza Beati Paoli zur Porta Carini hin, und an der Bäckerei Morello ist eine Jugendstilschönheit zu entdecken.

Die beste Limonade Palermos bekommt man in der Bar Pinguino in der Via Ruggero Settimo.

Oper und Opera dei Pupi

Vorbei an der Kirche San Agostino und einen Blick auf die vornehmen Gipsdamen des Serpotta werfend, finden wir uns unversehens im Rücken des Massimo wieder, der wieder eröffneten Oper von Palermo, Orlando sei Dank. Die Preise für die Karten sind nicht eben volksnah, aber gottlob gibt es eine Alternative. In der Via Bara all'Olivella lässt Mimmo Cuticchio die Puppen tanzen.

Das Olivella Viertel ist nachts nicht wiederzuerkennen. Vor dem ehrwürdigen Museum tobt das Leben. Etwas ruhiger geht es im Grilli (→ S. 113) am nahe gelegenen Largo Cavalieri di Malta zu. Im ersten Stock des adligen Palazzo isst man bei gedämpftem Licht, und auf einen Drink geht es danach ins Grilli Giú. Salute La Marca!

Überall in den Altstadtgassen von Palermo trifft man auf Garküchen, die einem verführerisch entgegenduften.

Königliche Mosaiken – Glanz der Normannen

Der Besuch des Doms von Monreale entführt in das himmlische Jerusalem, die ferne Welt des Mittelalters und der Normannen Siziliens. Wie ein Haufen landloser Söldner innerhalb zweier Generationen das mächtigste Königreich ihrer Zeit errichtet haben, bleibt eine der abenteuerlichsten Geschichten, die Europa schrieb. Der Dom von Monreale, erbaut unter Wilhelm II., ist der bauliche Höhepunkt dieser glanzvollen Epoche und ihr Abgesang zugleich. Hier erweist sich der Normannenkönig noch einmal als großer Künstler. Die Kunst war das Regieren und die Politik. Eine Bibel, wie sie in fast jedem Hotel ausliegt, ein Opernglas und das Faltblatt »Dom von Monreale« aus dem nahen Touristenamt helfen bei der Betrachtung der Mosaiken.

Aus der Apsiskalotte beherrscht das Mosaikbildnis des Pantokrators den gesamten Kirchenraum in Monreale.

In der Hauptapsis wird die himmlische Hierarchie dargestellt. Das beherrschende Mosaik im wahrsten Sinne des Wortes ist das Bild des Pantokrators. Der Kreuznimbus weist ihn als Herrscher aus, die Stola über der rechten Schulter gibt ihm die Priesterwürde, und seine Position macht ihn zum Richter. Die Arme sind weit ausgebreitet, die rechte Hand zum Segen erhoben, und in der linken hält er das geöffnete Buch mit der Heilsversprechung »Ich bin das Licht der Welt, und wer mir folgt …«. Diese Darstellung des Pantokrators, die zum ersten Mal in Cefalù (→ S. 67) auftrat und dann noch einmal in der Cappella Palatina (→ S. 99), war ein neuer normannischer Bildtypus, der ausschließlich in den königlichen Sakralgebäuden Verwendung fand. Die Normannenkönige, die mit den Assisen von Ariano (→ S. 27) ein einheitliches Rechtssystem geschaffen hatten und Kraft der Apostolischen Legation auch die höchsten Kirchenbefugnisse in ihrem Reich besaßen, wollten ihre Herrschaft durch die Machtfülle des Pantokrators legitimiert sehen. An prominenter Stelle, an der

Innenseite des nordöstlichen Vierungspfeilers, steht das Thronpodest des Königs. Die Rückwand ziert das Krönungsmosaik Wilhelms II., nah verwandt dem Krönungsmosaik Rogers II. in Santa Maria dell'Ammiraglio (→ S. 104). Nach seiner Heirat mit Johanna von England ließ sich Wilhelm II. 1177 in Monreale ein zweites Mal krönen, damit war Monreale nicht nur Königs-, sondern auch Krönungskirche. Dem Königsthron gegenüber ist das Mosaik mit der Stiftung des Doms durch Wilhelm II. zu sehen.

Von der raumbeherrschenden Figur des Pantokrators gehen die Erzählungen aus, und zu ihr führen sie wieder zurück. Kraftvolle Bilder illustrieren die Bibel: Altes Testament, Neues Testament und die Apostelgeschichte oder aber die Verheißung des Wortes, seine Offenbarung und seine Verbreitung in der Welt. In den Seitenapsiden thronen die Apostelfürsten Petrus und Paulus, noch einmal der Verweis auf die Apostolische Legation der Normannenherrscher. Das Querschiff schmücken Darstellungen aus dem Leben Christi, von der Geburt über den Tod

Der Sündenfall als skulptiertes Kapitell im Kreuzgang.

Mosaikverzierte Säulen mit reich geschmückten Kapitellen umgeben den Kreuzgang von Monreale.

bis zur Auferstehung. Im südlichen Querarm sind die Sarkophage von Wilhelm I. und Wilhelm II. aufgestellt. Die Wundertaten Christi werden an den Seitenwänden des Langhauses gezeigt. Von realer Intensität ist zum Beispiel die Vertreibung der Händler aus dem Tempel. Christus schwingt wutentbrannt die Peitsche und stürzt den Tisch der Geldwechsler um. Nie ist die Technik des Goldmosaiks so kongenial verwendet worden.

Wie auch in der Cappella Palatina wird im Hauptschiff der Genesiszyklus wiedergegeben, nur dass in Monreale ungleich mehr Platz zur Verfügung steht und die Geschichte in allen Details erzählt wird. Gerade diese Details lassen die Betrachtung interessant erscheinen, nachdem die Bilder in ihren Themen erst einmal erkannt worden sind. Die Erschaffung der Gestirne kann daran erinnern, dass seit der Regierung Roger II. am Normannenhof wissenschaftliche Studien betrieben wurden; in die Herrschaft Wilhelm II. fällt die erste Übertragung von Ptolemaios Hauptwerk Megalè Syntaxis ins Lateinische, das unter seinem verballhornten arabischen Namen Al-magest bekannt geworden ist.
Im darunter liegenden Register wird die Geschichte von Noah erzählt, und der Bau der Arche zeigt in aller Genauigkeit eine mittelalterliche Schiffswerft. Drastisch real auch die Szene, auf der die Taube mit dem Ölzweig im Schnabel auf Noahs Hand landet, während ein schwarzer Vogel einer im Wasser treibenden Leiche die Brust aufpickt. So wie die Arbeiten am Turm von Babel gezeigt werden, so kann man sich auch die Baurbeiten am Dom von Monreale vorstellen. Eine nähere Betrachtung verdient die Versuchung von Adam und Eva. In der Vulgata, der Bibelübersetzung des Hieronymus aus dem Griechischen und Hebräischen ins Lateinische, wurde der Baum des Bösen (malum) zum Apfelbaum. Über-

Im Mosaik legt sich die Schlange um einen Feigenbaum, und die Erkenntnis Adams und Evas besteht nicht zuletzt aus der Entdeckung der eigenen Sexualität, ein Thema, das der Kirche offensichtlich schon früh Kopfzerbrechen bereitet hat.

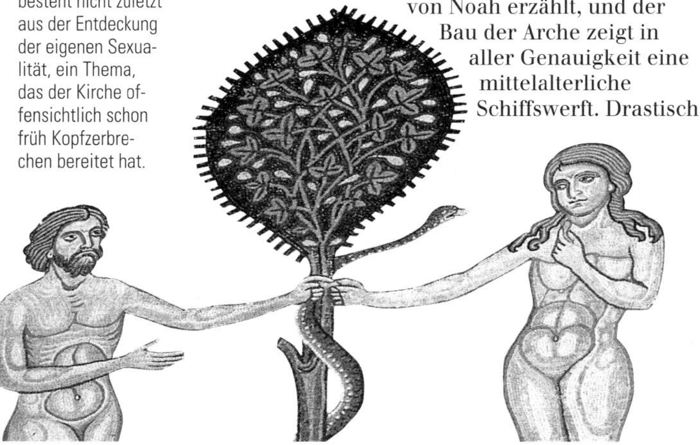

Die Feige, wie auch der Granatapfel, ist ein eindeutiges Sexualsymbol. Praktisch, dass die Feigenblätter gleich zur Hand waren, als Gott die Sünder aus dem Paradies verwies.

Duomo di Monreale

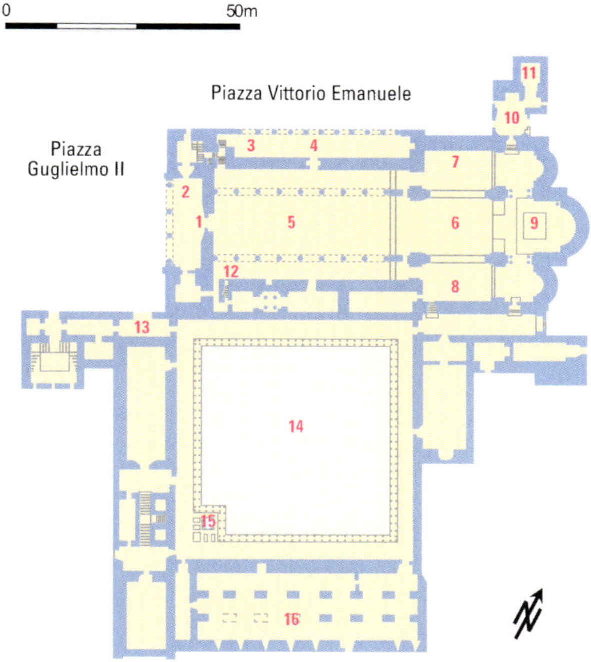

1 Westportal mit Bronzetür von Bonanus von Pisa
2 Dreibogiger Portikus
3 Portikus
4 Nordportal mit Bronzetür von Barisanus von Trani (Eingang)
5 Laienraum
6 Vierung
7 Gräber der Familie Wilhelms I
8 Porphyrsarkophag Wilhelms I, Marmorsarkophag Wilhelm II
9 Hochaltar
10 Capella del Crocifisso
11 Domschatz
12 Aufgang zum Kirchendach
13 Eingang zum Kreuzgang
14 Kreuzgang
15 Brunnen
16 Ruine des Südflügels

setzungsfehler oder Zensur?

Wer dem irdischen Glanz von Wilhelm II. Leben nachspüren möchte, kann in Palermo die Zisa (→ S. 102) besuchen. Die Reisebeschreibungen des Mekkapilgers Ibn Dschubair füllen den alten Palast mit Leben.

Selinus – eine griechische Polis auf Sizilien

Im 8. und 7. Jahrhundert v. Chr. geriet die griechische Welt in Bewegung. Von Stadtstaaten mit einer langen Schifffahrtserfahrung, wie Korinth oder Megara, wurden an den Schwarzmeer- und Mittelmeerküsten neue Städte angelegt. Über die Gründe kann man nur mutmaßen. Überbevölkerung und knappes Ackerland werden ein wichtiger Anlass gewesen sein, einen Teil der Bevölkerung dazu zu ermutigen, sich eine neue Heimat zu suchen. Zu den auswanderungswilligen Bürgern gehörten landlose Bauern, die jüngsten Söhne kinderreicher Familien und politisch Unzufriedene, die zum Verlassen der Heimat gezwungen waren oder auf eigenen Wunsch fortgingen. Die neuen Stadtgründungen sollten sich selbstständig und von der Metropole (»Mutterstadt«) unabhängig zu einer autonomen Polis entwickeln. Das fruchtbare Sizilien erwies sich für die Griechen als Land der unbegrenzten Möglichkeiten. Sie brachten Saatgut mit und führten Ölbaum und Weinstock ein. Die Städte wuchsen rasch, so dass die im 8. Jahrhun-

Schautafeln helfen dabei, das antike Selinus in der Fantasie aus den Trümmern wieder auferstehen zu lassen.

dert v. Chr. gegründete Polis Megara Hyblaea ihrerseits 628 v. Chr. Selinus gründen konnte.

Der Siedlungsplatz war gut gewählt, ein lang gestreckter Hügel am Meer, zu beiden Seiten von Flüssen umgeben. Die Flüsse schützten die Stadt auf dem Hügel, dienten als Häfen und erleichterten die Handelskontakte ins Hinterland. Das Land war fruchtbar, und heute noch gedeihen hier die besten Oliven Siziliens. Als Erstes gingen die griechischen Siedler daran, die Baulose gerecht aufzuteilen. Über die zukünftige Stadt wurde ein Netz sich rechtwinklig schneidender Straßen gelegt. Auf der Akropolis steckte man ein Drittel der Fläche als Bereich für Heiligtümer und öffentliche Bauten ab. Staat und Religion waren in der Antike nicht voneinander zu trennen, und so kamen auch den Tempeln zusätzliche staatliche Funktionen zu. Ihnen war zum Beispiel das Stadtarchiv angeschlossen, oder sie dienten als Banken. Die Tempel waren mehr noch als alle anderen Bauten Statussymbole der Polis, mit der sich jeder Bürger identifizierte. Der Bau eines großen Peripteros (Ringhallentempel → S. 187) war kostspielig, so dass es in Griechenland etliche Poleis gab, die sich nicht einmal einen einzigen Tempel leisten konnten. Selinus liefert das beste Beispiel für den Baueifer, von dem die Westgriechen förmlich besessen waren. Die Stadt besaß alleine sieben Ringhallentempel nebst einer Anzahl weiterer Heiligtümer.

Mosaikböden in einigen Häusern auf der Akropolis erinnern an die Zeit der karthagischen Herrschaft.

Das Heiligtum der Demeter Malophoros

Einen guten Eindruck von der Anlage der Stadt und der Entwicklung des Tempelbaus gewinnen wir, wenn wir zunächst den Akropolishügel überschreiten und die Stadt über den antiken Fluss Selinon nach Westen verlassen. Außerhalb der Stadtmauern lag der Tempel des Zeus Meilichios und der heilige Bezirk der Demeter Malophoros. Die »Granatapfel tragende« Demeter (→ S. 83) gebot über Fruchtbarkeit und Tod; Kulturvorstellungen der Sikaner und Karthager verschmolzen hier mit dem griechischen Mythos. Das am Weg zu den Nekropolen gelegene Heiligtum wurde kurz nach der Stadtgründung errichtet. Der Göttin erbaute man ein Megaron (Haus). Der schlichte, rechteckige und säulenlose Quaderbau weist drei Räume auf. Durch einen Pronaos (Vorraum) betraten die Priester den Naos, in dem die Gottheit lebte, ein Adyton schloss sich an. Diese Grundform begegnet uns auch in den großen Ringhallentempeln auf der Akropolis und dem Osthügel, allerdings ist hier das Megaron von Säulen umstanden.

1824 fanden die Architekten Hittdorf und Zahnt in Selinunt farbig bemalte Tempelreste und erschütterten damit die überkommen Lehrmeinung, antike Tempel seien weiss gewesen.

Tempel künden den Reichtum der Stadt

Wenden wir uns um, so können wir das Ausmaß des antiken Selinus erst richtig erfassen. Im Norden des Akropolishügels lassen sich die mächtigen Verteidigungsmauern erkennen. Die Wohnstadt zog sich ursprünglich noch weit über das angrenzende Plateau hin. Der Weg zurück auf die Akropolis führt uns zu dem teilweise wieder aufgerichteten Tempel C, dessen Metopen im Museum von Palermo ausgestellt sind (→ S. 111). Da nicht mehr bekannt ist, welchen Gottheiten die einzelnen Tempel geweiht waren, werden sie heute mit Buchstaben bezeichnet. Der Tempel C wurde zwischen 570 und 560 v. Chr. als erster Ringhallentempel auf der Akropolis errichtet und war in seiner völlig ungestümen Wildheit noch weit von dem harmonischen Gleichmaß der späteren klassischen Bauten entfernt. Einen Eindruck von seiner lebendigen Farbigkeit vermittelt der Terrakotta-Schmuck des Giebelfeldes, der ebenfall im Museum von Palermo zu sehen ist.

Etwas jünger ist der Tempel F auf dem Osthügel; mit dem Tempel C verbindet ihn die gleiche, unmäßige Längsstreckung. Eigentümlicherweise waren die Säulenzwischenräume dieses Tempels bis in eine Höhe von 4,50 Metern vermauert. Vielleicht sollte der den Blicken entzogene Umgang den Prozessionen eines Mysterienkultes dienen. Mit dem Bau des Tempels G, 520 v. Chr., verfielen die Selinuntiner vollends der Megalomanie. Der imposante Peripteros sollte sich auf einer Grundfläche von 50 mal 110 Metern erheben.

Die Bauarbeiten zogen sich über mehr als 80 Jahre hin, und dabei haben sich die stilistischen Veränderungen auf dem Weg zur Klassik im Bau niedergeschlagen. Die ältesten, archaischen Kapitelle haben noch einen ausladenden Wulst, während das Kissen der jüngeren Kapitelle bereits straff gespannt ist. Als die Karthager 409 v. Chr. Selinus eroberten, war der Bau noch unvollendet, die meisten Säulen wie am Tempel von Segesta (→ S. 147) noch unkanneliert. In den Cave di Cusa (→ MERIAN-Tipp S. 149) wurden noch einige der Säulentrommeln geschlagen. Ein Erdbeben hat den Riesenbau zum Einsturz gebracht und ein grandioses Trümmerfeld hinterlassen. Das Musterbeispiel eines klassischen dorischen Tempels ist der wieder aufgerichtete Tempel E, dessen Bauglieder in harmonischen Proportionen zueinander stehen. Die Metopen, die ihn schmückten, gehören zu den schönsten Bildwerken der Antike (→ S. 111).

Die steinernen Gärten des Barock – Schwelgen im Südosten

Eine »wunderbare Katastrophe« à la Alexis Sorbas – so erscheint es heute, mehr als 300 Jahre nach dem verheerenden Beben. Mehrere heftige Erdstöße im Januar 1693 ließen in dutzenden von Städten des Val di Noto keinen Stein mehr auf dem anderen. Ein spektakulärer Wiederaufbau erfolgte, und bereits nach wenigen Jahrzehnten stürmten in Ragusa, Modica und Syrakus die Fassaden neuer Kathedralen himmelhoch … Der weiche, leicht zu bearbeitende Kalkstein der Monti Iblei, dessen Farbspiel von Honiggelb bis Aprikosenfarben reicht, bot sich als ideales Baumaterial an und erlaubte den sizilianischen Steinmetzen eine zügellose Entfaltung ihrer Fantasie: Fabelwesen, Fratzen und pralle Engel stützen die üppigen Balkone der Palazzi …

Der Barock entspricht auch heute dem Lebensgefühl der Sizilianer, deren opulente Lebensfreude oft gepaart ist mit einer morbiden Faszination für das Vergängliche.

Ungetrübte Barockfreuden des Diesseits bietet die Küche der Iblei und nicht zu vergessen die köstlichen Mandel-*dolci* und *gelati*.

Nach einem Spaziergang in Ragusa Ibla (→ S. 127) – die von Rosario Gagliardi erst 1775 vollendete Fassade der Basilica di San Giorgio gilt als Meisterwerk

Alter Glanz nach erfolgreicher Restaurierung: die Balkonkonsolen des Palazzo Nicolaci in barocker Manier.

des sizilianischen Spätbarocks – geht es aufs Land. Ein Abzweig von der SS 115, wenige Kilometer vor Cómiso, führt zum Castello di Donnafugata. Baron Corrado Arezzo De Spuches ließ sich das großartige Anwesen um die Mitte des 19. Jahrhunderts als Sommersitz errichten. Der Palast hat 122 Räume, und man erinnert sich an den Ausspruch des Fürsten Salina im Roman »Der Leopard«: »Ein Palast, in dem man alle Zimmer kennt, ist es nicht wert bewohnt zu werden«. Verirren kann man sich auch im steingemauerten Labyrinth inmitten des weitläufigen Parks (Di–So 8.30–13.30, Sa, So 9–18 Uhr; z. Z. Eintritt frei). Auf schöner Strecke in Richtung Osten, das Irminio-Tal querend, wird das weitgehend unbekannte barocke Kleinod, das Städtchen Scicli, erreicht. Ausgefallenen Fassadenschmuck zeigt der Palazzo Beneventano.

Mit dem Talverlauf der Fiumara di Mòdica gelangt man schließlich nach Mòdica. Für den Besuch sollte man sich etwas Zeit lassen und keineswegs weiterfahren, ohne vorher die Chiesa di San Giorgio bewundert, in der Fattoria delle Torri gespeist und von den Süßigkeiten der Antica Dolceria genascht zu haben.

Das Castello di Donnafugata – Mitte des 19. Jahrhundert Sommersitz des Baron Corrado Arezzo De Spuches.

Trattoria Al Castello
In den ehemaligen Stallungen wird bodenständige ragusanische Küche aufgetischt.
Tel., Fax 09 32 61 92 60
★★ AmEx DINERS EURO VISA

Noto – eine Stadt als Bühne

Die schönste Strecke, um von Mòdica Noto zu erreichen, führt auf der SP 17 »Favarotta«. Dabei lässt sich auch ein Abstecher zur Cava d'Íspica, eine der interessantesten Talschluchten der Monti Iblei, unternehmen. Von Mòdica kommend, kann man an ihrem oberen Ende byzantinische Felsenkirchen und Katakomben aus dem 6. bis 5. Jahrhundert v. Chr. besichtigen. Die letzten Kilometer nach Noto legt man wieder auf der SS 115 zurück. An den Ruinen des 1693 vom Erdbeben zerstörten Noto Antica (→ MERIAN-Tipp S. 127) vorbei erreicht man über Testa dell'Acqua das Barockstädtchen Palazzolo Acréide. Reicht die Zeit, sollte man auf dem Weg nach Syrakus die Strecke über Buscemi, Ferla, mit einem Abstecher nach Pantálica (→ MERIAN-Tipp S. 138) und weiter über Sortino und den Höhenzug der Monti Climiti wählen. An Belvedere und dem Castello Eurialo (→ S. 137) vorbei, erreicht man Syrakus. Unvergleichliche Landschaftsblicke belohnen für den kleinen »Umweg«.

Ausgefallener Fassadenschmuck unter den Balkonen des Palazzo Beneventano in Scicli: Fratzen mit aufgerissenen Mäulern.

Dauer: zwei Tage; **Länge:** ca. 240 km;

Trattoria Al Castello
In den ehemaligen Stallungen wird bodenständige ragusanische Küche aufgetischt. Tel., Fax 09 32 61 92 60 ★★ AmEx DINERS EURO VISA

Eremo della Giubiliana M
Mit gutem Geschmack restaurierte Einsiedelei des Johanniterordens aus dem 12. Jahrhundert wenige Kilometer östlich des Castello di Donnafugata. Die Zutaten der ausgezeichneten Küche werden größtenteils auf den Gütern der Nifosì erzeugt. Contrada Giubiliana; S.P. per Marina di Ragusa km 9; Tel. 09 32 66 91 19, Fax 09 32 62 38 91; 12 Zimmer, 1 Suite ★★ AmEx DINERS EURO VISA

Villa Lucia
Auf der Halbinsel Maddalena, ca. zehn Kilometer südlich von Syrakus, liegt die Villa Lucia in einem ausgedehnten Park. Stilvolle Unterbringung im Adelshaus des 19. Jahrhundert, günstigere Zimmer in den ehemaligen Stallungen. Das Frühstück wird in einem großen Wintergarten serviert. Traversa Mondello 1 – Contrada Isola; Tel., Fax 09 31 72 10 07; aus Syrakus mit dem Linienbus N° 23; 10 Zimmer ★★ AmEx DINERS EURO VISA

Spektakulär: die Einturmfassade der Kirche San Giorgio in Mòdica, die förmlich in den Himmel stürmt (oben).

Noto Antica, auf dem herzförmigen Plateau des Monte Alveria gelegen, fungierte auch früher schon als natürliche Festung (unten).

Service und Sprachführer

Die 18 Meter hohe Betonskulptur des Sizilianers Consagra ist eines der Kunstwerke der Fiumara d'Arte (→ S. 75).

Anreise

Mit dem Auto
Wer in Italien mit dem Auto unterwegs ist, muss Führerschein und Fahrzeugschein mitführen und seinen Wagen mit dem Nationalitätenkennzeichen ausstatten. Die grüne Versicherungskarte ist bei Unfällen oder Verkehrskontrollen durchaus sinnvoll. Zu empfehlen ist der Auslandschutzbrief eines Automobilclubs.

Autobahngebühren:
Bis Salerno sind die italienischen Autobahnen mautpflichtig; in Sizilien werden auf den Strecken Messina–Catania und Messina–Buonfornello Gebühren erhoben. Für die Strecke vom Brenner bis Salerno sind derzeit rund 50 € zu entrichten.

Mit der Bahn
Es gibt keine durchgehenden Bahnverbindungen von Deutschland, Österreich oder der Schweiz nach Sizilien. Günstige Umsteigebahnhöfe sind auf der Strecke über den Brenner Rom und auf der Strecke durch den Sankt-Gotthard-Tunnel Mailand. Autoreisezüge verkehren von Mai bis September nach Neapel.

Mit der Fähre
Die kürzeste Fährverbindung vom italienischen Festland nach Sizilien führt von Villa San Giovanni nach Messina. Von Neapel fahren Nachtfähren auf die Äolischen (Liparischen) Inseln, nach Catania und Palermo. Zu empfehlen sind die komfortablen Nachtfähren der Grimaldi Group von Genua nach Palermo, die von Montag bis Samstag verkehren, im August aber auch sonntags fahren (Buchungsbüro in Genua: Tel. 3 90 10 58 93 31, Fax 39 01 05 50 92 25; Internet: www.grimaldi.it).

Mit dem Flugzeug
Von der Alitalia werden Catania und Palermo, mit Zwischenstopp in Mailand beziehungsweise Rom, täglich angeflogen. Die Lufthansa bietet Linienflüge nach Catania. Von Ostern bis Oktober erreicht man Catania und Palermo auch per Charterflug, Catania sogar im Winterhalbjahr.

Apotheken

Zahlreiche Medikamente sind in italienischen Apotheken (»farmacie«) rezeptfrei erhältlich. Adressen der Apotheken finden Sie in den Tageszeitungen.

Auskunft

Im Ausland erteilen die Büros der ENIT Auskunft. Sie können sich auch direkt an die Tourismusbehörde der Region Sizilien wenden. Die Adressen der für einzelne Provinzen zuständigen Tourismusbüros (AAPIT) und einiger lokaler Auskunftsbüros (AAST) finden sich im Text.

In Deutschland
ENIT
- Karl-Liebknecht-Str. 34; 10178 Berlin; Tel. 0 30/23 14 69 17
- Kaiserstr. 65; 60329 Frankfurt; Tel. 0 69/23 74 34
- Goethestr. 20; 80336 München; Tel. 0 89/53 13 17; Mo–Fr 9–17 Uhr

In Österreich
ENIT
Kärntner Ring 4; 1010 Wien;
Tel. 01/55 05 16 39 und 5 05 43 74;
Mo–Fr 9–17 Uhr

In der Schweiz
ENIT
Uraniastr. 32; 8001 Zürich;
Tel. 01/2 11 79 17 und 2 11 36 33;
Mo–Fr 9–17.30 Uhr

In Sizilien
Assessorato del Turismo
90141 Palermo; Via Emanuele Notarbartolo 9; Tel. 09 16 96 82 01, Fax 09 16 96 81 51; E-Mail: ass_turistico@regione.sicilia.it; www.regione.sicilia.it/turismo

Auto

Sizilien ist ein Paradies für Auto- und Motorradfahrer. Ein eigenes Fahrzeug ist ideal, um das Landesinnere, weitab von den klassischen Routen, zu entdecken. Das Straßennetz ist gut ausgebaut, und die Verkehrsdichte ist, von den größeren Städten einmal abgesehen, gering. Gewöhnungsbedürftig ist manchmal die Ausschilderung, und im Stadtverkehr muss man sich mit Geduld, Durchsetzungsvermögen und Freundlichkeit wappnen. Mit den Verkehrsregeln wird flexibel umgegangen, doch sollte man sich nicht täuschen, Verkehrsgesetze gelten auch in Sizilien.

Benzin
Die Versorgung mit bleifreiem Benzin (»senza piombo«) ist flächendeckend, Kreditkarten werden häufig akzeptiert. Die Tankstellen bleiben in der Regel von 12.30 bis 15.30 Uhr und zwischen 19.30 und 7 Uhr geschlossen. Das Mitführen von Reservekraftstoff in Kanistern ist verboten.

Geschwindigkeitsbegrenzungen
Soweit nicht anders ausgeschildert, gilt eine Geschwindigkeitsbegrenzung von 50 km/h in geschlossenen Ortschaften, 90 km/h auf Landstraßen und 130 km/h auf Autobahnen.

Mietfahrzeuge
An den Flughäfen Catania und Palermo sind alle großen Autovermieter vertreten, die ihre Filialen auch in den meisten Provinzhauptstädten haben. Eine große Auswahl an Autovermietern gibt es in Cefalù und in Taormina beziehungsweise Giardini Naxos. Ein Kleinwagen kostet rund 50 € pro Tag (Kreditkarte mitnehmen!)

Pannenhilfe
Der italienische Automobilclub ACI leistet kostenpflichtige Pannenhilfe. Er ist rund um die Uhr unter der Telefonnummer 116 zu erreichen; auf Autobahnen finden Sie Notrufsäulen.

Notrufnummer des ADAC in Italien
Tel. 02 66 15 91

Parken
Erst in wenigen Städten gibt es Parkscheine, die man dann in den Tabakläden (»tabacchi«) erhält. Häufiger trifft man auf – offizielle bis kriminelle – Parkwächter (»posteggiatori«), die Parkmöglichkeiten auf Plätzen

und Straßen organisieren. Einige sind wahre Meister ihres Faches. In jedem Fall sollte man eine kleine Euromünze zücken, um sie für ihre Dienste zu entlohnen. Lassen Sie nichts sichtbar im Auto liegen und nehmen Sie alle Wertgegenstände mit.

Einreise

Für die Einreise nach Italien genügt Staatsangehörigen der Bundesrepublik Deutschland, Österreichs oder der Schweiz ein gültiger Personalausweis oder Reisepass.

Feiertage

1. Januar (Neujahr); 6. Januar (Dreikönigstag); Ostermontag; 25. April (Tag der Befreiung); 1. Mai (Tag der Arbeit); 29. Juni (Sankt Peter und Paul); Christi Himmelfahrt; 15. August (»ferragosto«, Mariä Himmelfahrt); 1. November (Allerheiligen); 8. Dezember (Unbefleckte Empfängnis); 25. und 26. Dezember (Weihnachten)

Geld

An zahlreichen italienischen Bankautomaten (»bancomat«) kann man mit der EC-Karte bis zu 250 € täglich abheben. An vielen Geldautomaten erhalten Sie auch mit Kreditkarten Geld. Die Öffnungszeiten der Banken variieren, als Richtwert kann jedoch gelten: Mo–Fr 8.30–13.30 und 15–16 Uhr. In Taormina gibt es zahlreiche Wechselstuben.

Kinder

Etliche Sehenswürdigkeiten in Sizilien dürften auch Kindern großen Spaß machen. Das palermitanische Puppenspiel bereitet großen und kleinen Leuten Freude, auch wenn sie die italienische Sprache nicht verstehen. In Syrakus lockt ein Gang in die Katakomben und im Garten des Palazzo di Donnafugata sogar ein richtiges Labyrinth. Es gibt einen Ort in Palermo, den können Erwachsene nur in Begleitung ihrer Kinder betreten. Vor dem Eingangstor des Parco d'Orleans, der ganz in der Nähe des Normannenpalastes liegt, stehen palermitanische Kinder und ermöglichen kinderlosen Erwachsenen im Austausch gegen ein Eis den Zugang. Der Besuch eines Restaurants mit Kindern ist in Italien unproblematisch.

Nebenkosten (in Euro)

1 Tasse Kaffee	0,67
0,5 l Bier	1,50
1 Cola	1,25
1 Brot (ca. 500g)	1,25
1 Schachtel Zigaretten	2,00–3,00
1 Liter Benzin	1,20
Fahrt mit öffentlichen Verkehrsmitteln	0,80
Mietwagen/Tag	ab 50,00

Stand: September 2001

Medizinische Hilfe

Für Mitglieder gesetzlicher Krankenkassen ist bei Vorlage des Auslandskrankenscheins die medizinische Behandlung innerhalb des staatlichen italienischen Gesundheitssystems kostenlos. Private Ärzte bestehen auf Barzahlungen. Für die Erstattung durch die Krankenkasse benötigt man eine quittierte Rechnung.

Notruf

Polizeinotruf und Unfallrettung: 112

Öffentliche Verkehrsmittel

Fahrscheine für städtische Verkehrsmittel erhält man in Kiosken und Tabakgeschäften (»tabacchi«). Fast alle Orte sind mit Überlandbussen zu erreichen.

Post

Briefmarken (»francobolli«) bekommen Sie auf Postämtern und in Tabakgeschäften, die Sie an einem schwarzen Schild mit weißem T erkennen.

Reisewetter

Die »primavera siciliana« ist sprichwörtlich, und allgemein gelten die Monate von April bis Juni als die schönste Reisezeit. Zum Baden ist das Meer dann allerdings oft noch zu kühl. An Ostern reisen die meisten Touristen an. Fährt man in diesen Wochen in das Landesinne-

Die genauen Klimadaten von **Palermo**

	Januar	Februar	März	April	Mai	Juni	Juli	August	September	Oktober	November	Dezember
Durchschnittl. Temp. in °C Tag	14,7	15,4	17,6	20,2	23,3	27,4	30,4	30,6	28,4	24,1	19,9	16,4
Durchschnittl. Temp. in °C Nacht	5,8	6,1	7,4	9,6	12,3	15,9	18,1	18,6	17,4	14,1	10,6	7,5
Sonnenstunden pro Tag	4,5	5,2	6,1	7,5	9,3	10,1	11,3	10,4	8,4	6,5	5,2	3,9
Regentage	11,5	10,5	8,0	7,0	4,0	2,5	1,0	1,0	5,0	8,5	10,5	12,0
Wassertemp. in °C	14	14	14	15	17	21	24	26	24	22	19	16

Quelle: Deutscher Wetterdienst, Offenbach

re, entgeht man den Massen und erlebt stimmungsvolle Feste und Prozessionen. Im Sommer macht die »Sonneninsel« ihrem Namen alle Ehre, dann haben vor allem Badeurlauber Saison. November bis Februar sind die regenreichsten Monate, in höheren Gebirgslagen fallen die Niederschläge durchaus auch als Schnee. Von Goethe stammt der (viel zitierte) auf Sizilien gemünzte Ausspruch »im Frühjahr zum Staunen, im Herbst zum Genießen«. Oktober und November sind gute Reisemonate, die Hitze ist wieder abgeklungen, die Tage aber immer noch warm, und das Meer hat ideale Badetemperatur.

Telefonieren

Für die meisten Telefonzellen benötigt man eine Telefonkarte (»carta telefonica«), die man im Wert von 2,50 € oder 5 € in Tabakgeschäften (»tabacchi«) oder Bars kaufen kann (perforierte Ecke abreißen). Inzwischen gibt es auch prepaid Telefonkarten (carta telefonica prepagata), mit denen man kostengünstig auch von Hotels aus anrufen kann. In Italien muss, selbst bei einem Ortsgespräch, die Vorwahl mit der Null immer mitgewählt werden.

Telefonieren nach Italien
Vorwahl Italien 00 39 (von Österreich 00 40), dann Ortsvorwahl mit der Null und die Nummer des Teilnehmers.

Telefonieren von Italien aus
Wählen Sie zunächst die Landesvorwahl, dann die Ortsnetzkennzahl ohne die Null und schließlich die Rufnummer des Teilnehmers.
Vorwahl Deutschland: 00 49
Vorwahl Österreich: 00 43
Vorwahl Schweiz: 00 41

Telefonieren mit dem Handy
Das italienische Mobilfunknetz ist nach dem internationalen GSM-Standard aufgebaut. Ein D-Netz-Handy wählt sich automatisch in das italienische Netz ein.

Trinkgeld

In Restaurants gibt man etwa zehn Prozent der Gesamtsumme als Trinkgeld (»mancia«), auch ein Kofferträger erhält ein kleines Dankeschön. An der Theke einer Bar lässt man einfach eine Münze liegen.

Zeitungen

In Catania erscheint die Tageszeitung »La Sicilia« und in Palermo »Giornale di Sicilia«. Es gibt eine Regionalausgabe der linksliberalen »La Repùbblica«.

Zoll

Innerhalb der EU-Länder ist die Ein- und Ausfuhr von Waren und Gegenständen des persönlichen Gebrauchs zollfrei. Um gegenüber gewerblicher Nutzung eine Abgrenzung zu schaffen, hat man folgende Richtwerte festgelegt: 800 Zigaretten oder 200 Zigarren oder 1 Kilogramm Tabak; 10 Liter Spirituosen oder 90 Liter Wein oder 110 Liter Bier. Für Einkäufe im Dutyfrees gelten die bisherigen Obergrenzen.

THEMA: *Literatur*

Literatur über Sizilien

Abulafia, David: Friedrich II. von Hohenstaufen. Herrscher zwischen den Kulturen, München (Goldmann) 1994.

Amann, Peter: Landschaften auf Sizilien, London (Sunflower) 2000. Präziser Wanderführer

ders.: Liparische Inseln, München (Gräfe & Unzer 2002)

Butta, Carmen: Jetzt gehörst du nicht mehr dieser Welt. Reportagen über die Mafia, Stuttgart, Leipzig (Hirzel) 1999

Finley, Moses I. & Denis Mack Smith, Christopher Duggan: Geschichte Siziliens und der Sizilianer, München (C. H. Beck), 1998

Gambetta, Diego: Die Firma der Paten. Die sizilianische Mafia und ihre Geschäftspraktiken, München (dtv) 1994

Goethe, Johann W. von: Italienische Reise, München (dtv) 1999

Herbst, Alban N.: New York in Catania. Eine fantastische Reise durch Sizilien, Reinbek (Rowohlt) 1997

Norwich, John J.: The Normans in Sicily, London (Penguin) 1992. Immer noch die lesenswerteste Geschichte der Normannen in Süditalien und Sizilien.

Stille, Alexander: Die Richter, Frankfurt a. M. (Fischer) 1999

Thukydides: Geschichte des Peloponnesischen Krieges, München (dtv-Artemis) 1991. Der Vater der politischen Geschichtsschreibung lebte im 5. Jahrhundert v. Chr. Sein Buch liest sich wie frisch gedruckt, und man erfährt darin einiges über Sizilien.

Literatur aus Sizilien

Camilleri, Andrea: Die Form des Wassers, Bergisch-Gladbach (Lübbe) 1999. Camilleri ist mit seiner Figur des Commissario Montalbano ein großer Wurf gelungen.

Consolo, Vincenzo: Das Lächeln des unbekannten Matrosen, Frankfurt a. M. (Suhrkamp) 1996. Consolo fühlte sich von Antonello da Messinas Bild des »Unbekannten« zu diesem Roman inspiriert (→ MERIAN-Tipp S. 70).

Fava, Giuseppe: Ehrenwerte Leute, Zürich (Unionsverlag) 1993

Grasso, Silvava: Der Bastard von Mautàna, Berlin (Berlin Verlag) 1995

Maraini, Dacia: Die stumme Herzogin, München (Piper) 1997

Piazzese, Santo: Die Verbrechen in der Via Medina-Sidonia, Köln (DuMont) 1998. Zur Zeit gibt es kaum ein besseres Buch, um das neue Palermo zu entdecken (→ KulTour S. 160).

Sciascia, Leonardo: Mein Sizilien; Berlin (Wagenbach) 1995

Simetti, Mary Taylor: Pomp and Sustenance. Twenty-five centuries of sicilian food, Hopewell (Ecco Press) 1998.

Verga, Giovanni: Mastro Don Gesualdo, Berlin (Wagenbach) 1998. Das Gegenstück zu Tomasi di Lampedusas Roman »Der Leopard«.

Sprachführer

Ja	*si*
Nein	*no*
Bitte	*per favore, per piacere*
Und	*e*
Wie bitte?	*prego, come?*
Ich verstehe nicht	*non capisco*
Entschuldigung	*scusi*
Guten Morgen, guten Tag	*buon giorno*
Guten Abend	*buona sera*
Gute Nacht	*buona notte*
Hallo	*ciao*
Ich heiße ...	*mi chiamo ...*
Ich komme aus ...	*(io) vengo da ...*
Wie geht's ?	*come va?*
Danke, gut	*bene, grazie*
Wer, was, welcher	*chi, (che) cosa, quale*
Wie viel	*quanto*
Wo ist?	*dove è?*
Wann	*quando*
Wie lange	*per quanto tempo*
Sprechen Sie Deutsch?	*Lei parla tedesco?*
Auf Wiedersehen	*arrivederci*
Heute	*oggi*
Morgen	*domani*

Zahlen

null	*zero*
eins	*uno*
zwei	*due*
drei	*tre*
vier	*quattro*
fünf	*cinque*
sechs	*sei*
sieben	*sette*
acht	*otto*
neun	*nove*
zehn	*dieci*
hundert	*cento*
tausend	*mille*
zehntausend	*diecimila*
hunderttausend	*centomila*
1 Million	*un milione*

Wochentage

Montag	*lunedì*
Dienstag	*martedì*
Mittwoch	*mercoledì*
Donnerstag	*giovedì*
Freitag	*venerdì*
Samstag	*sabato*
Sonntag	*domenica*

Mit und ohne Auto unterwegs

Wie weit ist es nach ...?	*Quanto è distante ...?*
Wie kommt man nach ...?	*Come si arriva a ...?*
Wo ist ...	*Dove è ...*
– die nächste Werkstatt?	*– l'officina più vicina?*
– der Bahnhof/ Busbahnhof?	*– la stazione/ stazione del pullman (autobus)*
– die nächste Boots-Station?	*– la fermata del vaporetto*
– die Touristen-information?	*– l'ufficio turistico?*
– die nächste Bank?	*– la banca più vicina?*
– die nächste Tankstelle?	*– il distributore di benzina?*
Wo finde ich	*Dove trovo*
– einen Arzt/	*– un medico*
– eine Apotheke?	*– una farmacia?*
Bitte volltanken	*Per favore, il pieno di benzina*
Super	*benzina super*
Bleifrei	*senza piombo/ benzina verde*
Diesel	*diesel*
rechts	*destra*

links	*sinistra*
geradeaus	*diritto*
Ich möchte ein Boot/ ein Fahrrad mieten	*Vorrei noleggiare una barca/ una bicicletta*
Wir hatten einen Unfall	*Abbiamo avuto un incidente*
Bitte eine Fahrkarte nach ...	*Per favore, un biglietto per ...*
Hin und zurück	*andata e ritorno*

Hotel

Ich suche ein Hotel	*Cerco un albergo*
Ich suche ein Zimmer für ... Personen mit/ohne Bad	*Cerco una camera per ... persone con/senza bagno*
Haben Sie noch ein Zimmer frei?	*Lei ha ancora una camera libera?*
– für eine Nacht	*– per una notte*
– für zwei Tage	*– per due giorni*
– für eine Woche	*– per una settimana*
Ich habe ein Zimmer reserviert	*Ho prenotato una camera*
Wie viel kostet das Zimmer?	*Quanto costa* (*la camera*)?
– mit Frühstück	*– con prima* (*piccola*) *colazione*
Kann ich das Zimmer sehen?	*Posso vedere la camera?*
Ich nehme das Zimmer	*Si, la prendo*
Kann ich mit Kreditkarte zahlen?	*Posso pagare con la carta di credito?*
Können Sie mich um ... wecken?	*Può svegliarmi alle ...?*

Restaurant

Die Speisekarte bitte	*La lista delle vivande* (*il menù*), *per favore*
Die Rechnung bitte	*Il conto, per favore*
Ich hätte gern einen Kaffee	*Vorrei un caffè*
Wo finde ich die Toiletten? (Damen/ Herren)	*Dove trovo i gabinetti?* (*Signore/ Signori*)
Kellner	*cameriere*
Frühstück	*prima* (*piccola*) *colazione*
Mittagessen	*colazione* (*pranzo*)
Abendessen	*cena*

Einkaufen

Wo gibt es ...?	*Dove è ...?*
Haben Sie ...?	*Lei ha ...?*
Wie viel kostet ...?	*Quanto costa ...?*
Das ist zu teuer	*Costa troppo*
Geben Sie mir bitte 100 g/ ein Pfund/ ein Kilo	*Per favore, mi dia un etto/ mezzo chilo/ un chilo*
Danke, das ist alles	*Grazie, è tutto*
Geöffnet/ geschlossen	*aperto/chiuso*
Bäckerei	*fornaio, panetteria, panificio*
Markt	*mercato*
Metzgerei	*macelleria*
Lebensmittel	*negozio* (*generi*) *di alimentari*
Briefmarke(n) für einen Brief/Postkarte nach Deutschland/ Österreich/ Schweiz	*francobollo*(*i*) *per una lettera/ cartolina per la Germania/ l'Austria/ la Svizzera*

Agora *(gr.) Versammlungsplatz der griechischen Antike; als Mittelpunkt des öffentlichen Lebens häufig von prächtigen Bauten gesäumt.*

Amphitheater *(gr.) Theater mit ringsum geschlossenen Sitzreihen und ovaler → Arena.*

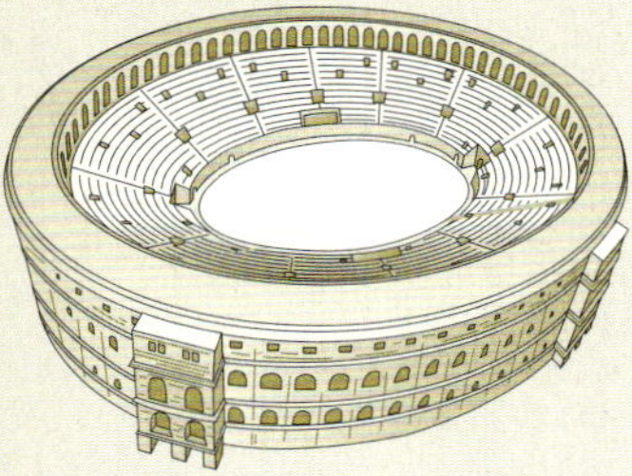

Amphitheater

Antiquarium *Sammlung antiker Kunstwerke.*

Antoniuskreuz *Kreuz in Form eines T.*

Apsis *Chorabschluss über halbkreisförmigem, quadratischem oder polygonalem Grundriss.*

Apsiskalotte *Flachkuppel über der Apsis.*

Arena *ellipsenförmiger Kampfplatz des Amphitheaters.*

Arkade *Bogenstellung, also ein Bogen, der sich auf Pfeiler oder Säulen stützt; eine fortlaufende Reihe dieser Bogenstellungen wird ebenfalls Arkade genannt.*

Basis *ausladender Fuß einer Säule oder eines Pfeilers.*

Blendarkade, Blendbogen *einer Mauerfläche vorgelegter Bogen.*

Basilika *römisch-antiker öffentlicher Bau mit drei oder mehreren durch Säulen- oder Pfeilerstellungen getrennten Schiffen, wobei das Mittelschiff höher ist als die anschließenden Seitenschiffe und durch Ober- bzw. Lichtgaden beleuchtet wird, mit halbrunder Apsis; diente Marktzwecken oder Rechtsprechung; in frühchristlicher Zeit von den Christen als Kultraum übernommen.*

Campanile *frei stehender Glockenturm; charakteristisch für die Kirchenarchitektur des italienischen Mittelalters.*

Cella *Hauptraum des antiken Tempels; Standort des Götterbildes.*

Cherubim *Engelshierarchie mit vier, manchmal auch sechs Flügeln.*

Chor *dem Klerus vorbehaltener Teil des Kirchenraums zum Zweck des Gebets; in Kirchen mit Querschiff der durch Verlängerung des Mittelschiffs entstehende Raum östlich der → Vierung.*

Fries *waagerechter Mauerstreifen mit figürlichem oder ornamentalem Schmuck. Den Fries dorischer Tempel zieren Metopen und Triglyphen.*

Ikonostase *Bilderwand der orthodoxen Kirche, die den Altarbereich vom Laienraum trennt.*

Intarsie *Einlegearbeit aus verschiedenfarbigen Holzsorten oder diversen Materialien wie Perlmutt oder Marmor.*

Kannelur *senkrechte Auskehlung an den Schäften von Säulen, Pfeilern und Pilastern.*

Kapitell ausladendes Kopfstück eines Pilasters oder einer Säule, die klassischen Kapitellformen sind das korinthische, ionische und dorische Kapitell.

Kreuzgratgewölbe Gewölbe, das bei der Durchdringung zweier Tonnengewölbe entsteht.

Majoliken mit Zinnglasur bemalte Töpferwaren.

Metopen rechteckiges Feld des → Frieses am dorischen Tempel, das mit Figuren verziert sein kann.

Mosaiken aus kleinen bunten Steinen zusammengesetzte Flächendekoration mit figürlichem oder ornamentalem Inhalt.

Odeion überdachtes Gebäude für Musikvorführungen.

Orchestra kreisförmige Bühne des griechischen Theaters.

Pantokrator Allherrscher, Darstellung des thronenden Christus.

Peripteros (gr.) Tempelform mit ringsumlaufender Säulenhalle; sind der Cella nur Wandsäulen vorgelagert, spricht man von einem Pseudoperipteros.

Polyptychon Flügelaltar mit mehr als zwei Flügeln.

Portikus von Säulen oder Pfeilern getragener, überdachter Vorbau einer Portalanlage.

Presbyterium den Priestern vorbehaltener Raum im Chor einer frühchristlichen Basilika.

Säulenordnung Proportions- und Gestaltungsgesetze der einzelnen Säulen und Gebälke; die Theoretiker der Renaissance unterscheiden die drei klassischen Ordnungen der Griechen (dorisch, ionisch und korinthisch) sowie die abgewandelten Formen der Römer (römisch-dorisch, römisch-ionisch und toskanisch). Während die dorische Ordnung der Griechen eindeutig von der ionischen zu trennen ist, unterscheiden sich die ionische und die korinthische Ordnung vor allem durch ihr → Kapitell.

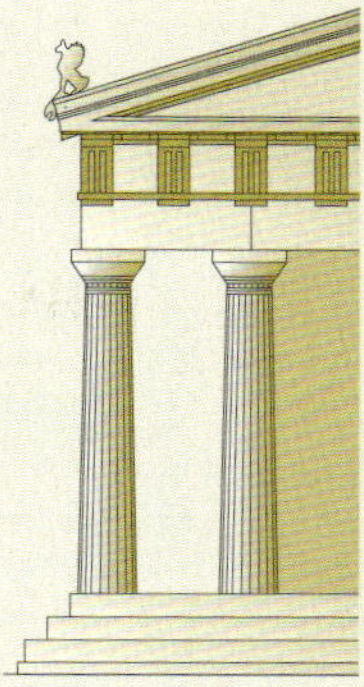

Dorischer Tempel

Seraphim Engelshierarchie mit sechs Flügeln.

Stylobat (gr.) oberste Stufe des Unterbaus des griechischen Tempels; auf ihr stehen die Säulen.

Therme Badeanlage der Antike mit Vestiarum (Auskleideraum), Frigidarium (Kaltbad), Tepidarium (lauwarmes Bad) und Caldarium (heißes Bad) und diversen Salb- und Schwitzräumen.

Triglyphen (gr.) dreigliedriges Feld im Fries eines dorischen Tempels.

Tympanon Dreiecksgiebel des Tempels; häufig mit Bauplastik geschmückt.

Vierung Kirchenraum, der durch Überschneidung von Quer- und Langhaus entsteht.

Hier finden Sie alphabetisch aufgeführt alle in diesem Band beschriebenen Orte, Sehenswürdigkeiten, Museen und Ausflugsziele. Außerdem enthält das Register wichtige Stichworte sowie alle MERIAN-Tipps und Themen dieses Reiseführers. Wird ein Begriff mehrfach aufgeführt, verweist die **fett** gedruckte Zahl auf die Hauptnennung im Band.

(H) = Hotel
M = MERIAN-Tipp

A

B

C

D

E

F

G

Liebe Leserinnen und Leser,

Sie haben die komplett aktualisierte Neuausgabe 2002 von MERIAN classic vor sich, die von unserem Autor vor Ort nachrecherchiert wurde. Wir freuen uns, Ihre Meinung zu diesem Reiseführer zu erfahren. Bitte schreiben Sie uns, wenn Sie Berichtigungen und Ergänzungsvorschläge haben oder Ihnen etwas besonders gut gefällt.

Gräfe und Unzer Verlag, Reiseredaktion, Postfach 86 03 66,
81630 München, email: merian-classic@graefe-und-unzer.de

Alle Angaben in diesem Reiseführer sind gewissenhaft geprüft. Preise, Öffnungszeiten usw. können sich aber schnell ändern. Für eventuelle Fehler übernimmt der Verlag keine Haftung.

Projektleitung: Ulrike Bässler
Redaktion: Ursula Huber
Redaktionelle Mitarbeit:
Matthias Eckardt, Ursula Huber
Kartenredaktion: Dagmar Piontkowski
Illustrationen S. 159 und 186/187 von Ingrid Schobel

Bei Interesse an Karten aus MERIAN-Reiseführern schreiben Sie bitte an: iPublish GmbH, geomatics, Berg-am-Laim-Straße 47, 81673 München. E-Mail: geomatics@ipublish.de

Gestaltung: Ludwig Kaiser
Umschlagfoto: Peter H. Amann, Tempel von Selinunt
Karten: MERIAN-Kartographie
Produktion: Helmut Giersberg
Satz: H3A GmbH, München
Druck und Bindung: Stürtz AG
ISBN 3-7742-0747-X

Alle Fotos von Peter Amann außer: AAST Cefalù 72; C. Grillo 48/49, 110; R. Piontkowski 156 o, 158

Dieses Buch wurde auf chlorfrei gebleichtem Papier gedruckt.

Auflage 5. 4. 3. 2. 1.